企业高级法律顾问实务操作系列

企业劳动用工风险提示与防范指南

张思星 / 主编

李 坤　汪子元 / 副主编

QIYE LAODONG YONGGONG
FENGXIAN TISHI YU FANGFAN ZHINAN

中国法制出版社
CHINA LEGAL PUBLISHING HOUSE

编委会

主 编
张思星
北京九稳律师事务所创始人

副主编
李 坤
北京九稳律师事务所创始合伙人
汪子元
北京九稳律师事务所风险控制部主任

编委会成员
张思星 李 坤 汪子元
钱小英 王永亮 刘 旭
吕 宏 李 静 李 凯

前言 / PREFACE

企业的生存离不开劳动者。基于劳动者的弱势地位，我国法律法规比较侧重对劳动者权益的维护。随着《劳动法》《劳动合同法》《社会保险法》等大量规制企业劳动用工法律的诞生，用人单位要注意的问题纷繁复杂，再加上劳动者维权意识的不断提高，用人单位稍有不慎，就可能与劳动者发生劳动纠纷，从而背负民事责任、行政责任甚至刑事责任。

毫无疑问，企业劳动用工风险贯穿于企业劳动用工的整个过程，从企业招聘劳动者开始，到劳动合同订立、试用期约定、工资待遇支付、五险一金缴纳、休息加班、劳动安全与防护，直至劳动合同终止与解除，以及劳动争议等，每一个环节都存在令企业难以预料的风险点。对于企业来说，只有依法合理规范劳动用工，才有可能做到提前预警、有效防范、妥善处理，从而避免因用工给企业造成管理风险和发展风险。

在此，为了最大限度地降低企业劳动用工风险，我们精心编写了一本《企业劳动用工风险提示与防范指南》，旨在帮助企业在录用、管理劳动者时，做好劳动风险控制与防范。具体而言，本书具有以下特色：

第一，全面性。本书以企业劳动用工中涉及的聘用、任职、管理、离职等所有环节为切入点，依据用工过程中常见的《劳动法》《劳动合同法》《社会保险法》等法律法规，选取劳动风险案例进行分析，对企业劳动用工中可能面临的各种法律风险——阐述，内容丰富、全面、翔实。

第二，实用性。本书以企业自身为立足点，充分考虑企业在劳动用工的过程中可能遇到的各种法律风险，引用相关法律条文，对企业劳动用工进行风险提示与预警，不但能帮助企业树立用工风险意识，还能切实解决用工风险问题，具有很强的实用性。

第三，专业性。所谓术业有专攻，本书编委会成员大多为企业劳动法律方面的学者、律师，在劳动法律方面有着深厚的理论功底和丰富的实践经验，对企业防范劳动用工风险有着独到的见解。本书中引用了新的法律、典型的案例，提供了实用的预警，为企业有效化解用工风险进行谋篇布局。各企业在用工前、用工中、用工后都可以学习、对照和运用。

诚然，在现代化法治社会建设的大背景下，企业劳动用工风险具有较强的可预见性和防范性，只要企业在日常人力资源管理过程中，牢固树立风险防范意识，积极完善风险化解机制，定能够主动应对风险、有效化解风险，从而降低劳动用工成本，促进企业长期向好发展。

本书编委会
2022 年 8 月

目录 /CONTENTS

第1章　劳动合同订立与履行中的风险 / 1

1. 劳动者入职后，单位没有及时与其签订劳动合同有什么风险？ / 1
2. 订立合同时要求扣押劳动者证件或要求劳动者交纳保证金的，有什么风险？ / 5
3. 用人单位在劳动合同中任意规定自己一方的免责条款的，有什么风险？ / 8
4. 用人单位在劳动合同中任意规定竞业禁止条款的，有什么风险？ / 11
5. 具备相应资格的员工申请签订无固定期限劳动合同，单位拒绝的，有什么风险？ / 15
6. 与身份不明的人签订劳动合同有什么风险？ / 21
7. 与童工签订劳动合同有什么风险？ / 25
8. 员工劳动合同到期后继续工作，用人单位不及时与之签订书面劳动合同的，有什么风险？ / 29
9. 公司新任领导擅自变更劳动合同内容的，有什么风险？ / 33
10. 用人单位未与劳动者商量，随意调换职工工作岗位的，有什么风险？ / 37

第2章　劳动合同解除与终止中的风险 / 41

11. 用人单位在劳动者医疗期内与之解除劳动合同的，有什么风险？ / 41

12. 经济性裁员中，裁除应当优先留用的劳动者的，有什么风险？ / 46

13. 按照"末位淘汰制"解聘员工的，有什么风险？ / 49

14. 用人单位单方与职业病患者解除劳动合同的，有什么风险？ / 53

15. 不给离职的劳动者开具相关证明，会有怎样的风险？ / 56

第3章　试用期、服务期规定与操作中的风险 / 60

16. 弹性约定试用期工资，会有怎样的风险？ / 60

17. 用人单位不顾劳动合同的期限，随意确定试用期长短的，会有怎样的风险？ / 63

18. 用人单位与刚入职的员工仅签订试用期合同而不签订劳动合同，会有怎样的风险？ / 66

19. 用人单位约定的服务期期限大于劳动合同的期限，会面临怎样的风险？ / 69

20. 服务期合同中违约金条款约定不明，会给企业带来什么风险？ / 73

第4章　工资规定与发放中的风险 / 76

21. 不清楚最低工资标准，支付的工资低于最低工资标准的，会有什么风险？ / 76

22. 疫情期间，因停工停发劳动者工资的，有哪些风险？ / 80

23. 用人单位扣发依法参加社会活动员工的工资的，有什么风险？/ 84

24. 用人单位以扣发工资的形式弥补劳动者给公司造成的损失的，
    有什么风险？/ 87

25. 拖欠员工工资的，有哪些风险？/ 91

26. 以购物卡、代金券等形式发放工资的，有什么风险？/ 95

第 5 章　社保、公积金与个人所得税操作中的风险 / 98

27. 将员工的社会保险费用折合成现金发给员工，有什么风险？/ 98

28. 使用虚假职工名册申报、缴纳社会保险费，有什么风险？/ 103

29. 应劳动者要求而不为其办理社会保险手续并缴费的，有什么
    风险？/ 106

30. 用人单位未足额缴纳社会保险费也拒不提供担保的，有什么
    风险？/ 109

31. 协助劳动者违法提取公积金的，有什么风险？/ 112

32. 私下发放工资帮助劳动者逃避个人所得税的，有什么风险？/ 116

第 6 章　工作时间、休息休假规定与操作中的风险 / 121

33. 用人单位与员工签订"员工自愿服从单位加班安排"协议的，
    有什么风险？/ 121

34. 因员工拒绝加班而扣发其工资或奖金的，有什么风险？/ 125

35. 加班只安排补休，不支付加班费的，有什么风险？/ 128

36. 用人单位自主随意制定员工年休假标准的，有什么风险？/ 132

第 7 章　劳动安全与防护中的风险 / 137

37. 用人单位不提供劳动防护用品，而让劳动者自行购买的，有什么风险？/ 137

38. 用人单位忽视特种作业人员持证上岗制度，聘用无证人员的，有什么风险？/ 142

39. 用人单位忽视安全生产制度的建立与监督机制的，有什么风险？/ 145

40. 用人单位对本单位工作所可能产生的职业病未提出警示的，有什么风险？/ 149

41. 用人单位对患职业病职工不给予妥善安置和处理的，有什么风险？/ 154

42. 用人单位领导强令劳动者冒险作业的，有什么风险？/ 158

第 8 章　工伤认定与申报中的风险 / 162

43. 用人单位不给员工购买工伤保险的，有哪些风险？/ 162

44. 用人单位与劳动者协议约定工伤概不负责的，有什么风险？/ 165

45. 以未签订劳动合同为由不承认员工工伤的，有什么风险？/ 169

46. 用人单位不给受伤员工及时申报工伤的，有什么风险？/ 174

47. 用人单位规定"走出公司大门发生的事故一律不算工伤"的，有什么风险？/ 177

48. 用人单位规定休息期间所发生的事故一律不算工伤的，有什么风险？/ 180

第 9 章　女职工劳动保护规定中的风险 / 184

49. 安排怀孕女职工加班，有什么风险？ / 184

50. 安排哺乳期女职工值夜班，有什么风险？ / 188

51. 安排女职工从事女职工禁忌从事的劳动工作，有什么风险？ / 191

第 10 章　劳动争议处理中的风险 / 196

52. 用人单位对是否属于劳动争议认识不足的，有什么风险？ / 196

53. 忽视劳动仲裁时效的，有什么风险？ / 202

54. 不了解仲裁委员会和法院的管辖权的，有什么风险？ / 207

55. 拒绝履行生效法律文书确定的义务的，有什么风险？ / 211

第 11 章　其他风险 / 216

56. 不与劳务人员签订劳务用工合同，有什么风险？ / 216

57. 将劳务用工混同为劳动合同工，有什么风险？ / 220

58. 擅自挪用企业年金账户中的年金费用的，有什么风险？ / 223

59. 在知识产权归属方面未与员工事先约定清晰的，有什么风险？ / 227

60. 用人单位要求职工自己负担培训费用的，有什么风险？ / 232

61. 企业强迫他人劳动的，有什么法律风险？ / 235

62. 领导教唆会计人员帮人虚开发票的，有什么风险？ / 238

第1章

劳动合同订立与履行中的风险

1. 劳动者入职后，单位没有及时与其签订劳动合同有什么风险？

在实践中，有些用人单位因为种种原因，经常出现已经与劳动者建立劳动关系但并未订立书面劳动合同的情况。这种做法违反了我国法律规定，会让企业面临极大的法律风险，同时还会给企业带来不必要的损失和麻烦。此外，口头劳动协议内容难以确定，极易产生争议且举证难度大，为了更好地明确劳动者与用人单位之间的权利义务，企业在用工时应当注意按照法律规定的时间，及时与劳动者签订书面劳动合同。

风险案例

▶ 公司因未与员工签订书面劳动合同而加倍支付工资

丙市A家政服务公司（以下简称A公司）是当地一家新兴的专业从事

家政服务的企业。随着该公司在各平台的宣传起势，A公司的订单越来越多。为了更好地满足客户需求，该公司在2021年5月10日招聘了十余名家政服务员。由于业务繁多，该公司人事处工作人员与应聘成功的劳动者口头商量好劳动报酬、工作内容等相关事宜后便安排他们到岗工作，并未立即与他们签订书面劳动合同。同年6月2日，应部分劳动者的要求，A公司与部分劳动者签订了劳动合同。但其中一位员工蒋某常因在工作中出错遭到雇主投诉，A公司出于观望的态度，并未及时与蒋某签订劳动合同，时间一长便忘记了这事，直到年底也未与蒋某签订劳动合同。同年12月10日，蒋某因要回老家照顾孩子而不得已辞职。临行前，蒋某经人指点，向公司提出因未签订书面劳动合同，公司应该自6月10日起每月支付其两倍的工资。

那么，蒋某的说法有法律依据吗？用人单位未与员工签订书面劳动合同的，将面临怎样的法律风险？

案例解析

蒋某的说法有法律依据。为了保障劳动者的合法权益，我国《劳动合同法》要求用人单位在与劳动者建立劳动关系的同时，应与其签订书面劳动合同。该法第十条第一款和第二款规定："建立劳动关系，应当订立书面劳动合同。已建立劳动关系，未同时订立书面劳动合同的，应当自用工之日起一个月内订立书面劳动合同。"这里明确规定了两项重要内容：一是用工后要订立书面的劳动合同，而非口头的劳动合同；二是订立书面劳动合同的时间为用工之日或自用工之日起一个月内。

既然法律规定了用人单位与劳动者订立书面劳动合同的时间要求，那么，对于未订立劳动合同或者拖延订立劳动合同的用人单位该如何处置？《劳动合同法》第八十二条第一款对此作出了明确规定："用人单位自用工之日起超过一个月不满一年未与劳动者订立书面劳动合同的，应当向劳动者每月支付二倍的工资。"也就是说，用人单位超过法律规定的订立劳动合同时限的，除第一个月的工资正常支付外，从第二个月开始工资就要加倍支付。

在上面的案例中，A公司于2021年5月10日招聘了十余名家政服务员，并于2021年6月2日与除蒋某之外的员工签订了书面劳动合同，直至2021年12月10日蒋某辞职时，也没有与蒋某订立书面劳动合同。那么，根据法律规定，A公司应当向蒋某支付除第一个月以外每月二倍的工资。比如，蒋某的工资为每月5000元，蒋某自5月10日至12月10日共计工作七个月，A公司应该向其支付的工资为65000（5000+5000×2×6）元。

此外，《劳动合同法》第十四条第三款规定："用人单位自用工之日起满一年不与劳动者订立书面劳动合同的，视为用人单位与劳动者已订立无固定期限劳动合同。"在上面的案例中，如果蒋某在2021年年底没有辞职，后来也一直没有签劳动合同，直至超过一年，那么，蒋某就成了无固定期限劳动合同的职工，届时，用人单位将面临更多的责任和义务。

法律依据

《中华人民共和国劳动合同法》

第十条第一款、第二款 建立劳动关系，应当订立书面劳动合同。

已建立劳动关系，未同时订立书面劳动合同的，应当自用工之日起一个月内订立书面劳动合同。

第十四条第三款 用人单位自用工之日起满一年不与劳动者订立书面劳动合同的，视为用人单位与劳动者已订立无固定期限劳动合同。

第八十二条 用人单位自用工之日起超过一个月不满一年未与劳动者订立书面劳动合同的，应当向劳动者每月支付二倍的工资。

用人单位违反本法规定不与劳动者订立无固定期限劳动合同的，自应当订立无固定期限劳动合同之日起向劳动者每月支付二倍的工资。

《中华人民共和国劳动合同法实施条例》

第六条 用人单位自用工之日起超过一个月不满一年未与劳动者订立书面劳动合同的，应当依照劳动合同法第八十二条的规定向劳动者每月支付两倍的工资，并与劳动者补订书面劳动合同；劳动者不与用人单位订立书面劳动合同的，用人单位应当书面通知劳动者终止劳动关系，并依照劳动合同法第四十七条的规定支付经济补偿。

前款规定的用人单位向劳动者每月支付两倍工资的起算时间为用工之日起满一个月的次日，截止时间为补订书面劳动合同的前一日。

风险预警

（1）用工后要签订书面劳动合同，不能仅有口头劳动合同。

（2）最迟自用工之日起一个月内签订书面劳动合同。

（3）劳动者本人不想签订劳动合同的，用人单位也要与之签订书面劳动合同；劳动者坚持不签的，用人单位应当书面通知劳动者终止劳动关系。

（4）按时签订书面劳动合同是用人单位的法定义务，任何理由都不能使其免责。

2. 订立合同时要求扣押劳动者证件或要求劳动者交纳保证金的，有什么风险？

如今，人员流动在各个单位都不鲜见，跳槽是很平常的事情。跳槽给很多员工带来了机遇，同时，也会给用人单位带来一些危机。为了更好地留住人才，避免危机的产生，一些用人单位在与员工签订劳动合同的时候，就会想一些"招数"，如扣押劳动者证件或要求劳动者交纳保证金。然而，用这种"招数"对待劳动者，用人单位将受到行政处罚。

风险案例

▶ 企业招聘技术人员后扣押毕业证遭举报被罚款

某网络科技公司为了开发新项目，招聘了一批技术人员。网络科技公司考虑到这些技术人员都是新手，需要进行相应的培训，并且培养出合格的岗位工作人员需要公司付出很多的人力和财力，如果这些技术人员半路辞职，公司会有很大的损失。因此，该网络科技公司决定在这些技术人员入职签订劳动合同时，扣押他们的毕业证书，如果他们在劳动合同期限内提出辞职的，需要交纳保证金来赎回自己的毕业证书。此外，公司还考虑到，如果扣押了技术人员的毕业证书，就能减少他们偷偷跳槽的可能。

那么，网络科技公司这样做，会面临怎样的法律风险？

案例解析

在签订劳动合同时，公司扣押员工证件和要求员工交纳保证金的做法都是违法的。对此，我国《劳动合同法》第九条明确规定："用人单位招用劳动者，不得扣押劳动者的居民身份证和其他证件，不得要求劳动者提供担保或者以其他名义向劳动者收取财物。"

在上面的案例中，网络科技公司为了避免新招的技术人员跳槽，在与之签订劳动合同时扣押其毕业证的行为是不合法的，属于上述法律条文中规定的扣押劳动者的居民身份证和其他证件的情形。一旦被人举报，或者与员工发生纠纷诉诸法律，会使公司面临行政处罚的风险。

《劳动合同法》第八十四条第一款和第二款规定："用人单位违反本法规定，扣押劳动者居民身份证等证件的，由劳动行政部门责令限期退还劳动者本人，并依照有关法律规定给予处罚。用人单位违反本法规定，以担保或者其他名义向劳动者收取财物的，由劳动行政部门责令限期退还劳动者本人，并以每人五百元以上二千元以下的标准处以罚款；给劳动者造成损害的，应当承担赔偿责任。"由此可见，企业如果扣押员工的证件，会受到行政处罚；企业如果收取员工保障金，不仅要退还钱财，还必须接受行政罚款。需要注意的是，法律规定的是"并……处以罚款"不是"可以"，所以这个罚款是必须交的。也就是说，用人单位一旦违法向劳动者收取财物，缴纳罚款是不可规避的风险。

第1章 劳动合同订立与履行中的风险

法律依据

《中华人民共和国劳动合同法》

第九条　用人单位招用劳动者，不得扣押劳动者的居民身份证和其他证件，不得要求劳动者提供担保或者以其他名义向劳动者收取财物。

第八十四条　用人单位违反本法规定，扣押劳动者居民身份证等证件的，由劳动行政部门责令限期退还劳动者本人，并依照有关法律规定给予处罚。

用人单位违反本法规定，以担保或者其他名义向劳动者收取财物的，由劳动行政部门责令限期退还劳动者本人，并以每人五百元以上二千元以下的标准处以罚款；给劳动者造成损害的，应当承担赔偿责任。

劳动者依法解除或者终止劳动合同，用人单位扣押劳动者档案或者其他物品的，依照前款规定处罚。

风险预警

（1）企业不能靠扣押证件和要求员工提供担保的方式留住人才，而应该在提高待遇、创新企业文化、提高发展前景方面多做努力，来吸收留住更多的人才。

（2）随着我国普法力度的不断加大，劳动者的法律意识越来越强，企业切不可存有侥幸心理做违背法律之事。

3. 用人单位在劳动合同中任意规定自己一方的免责条款的，有什么风险？

劳动合同至关重要，事关劳动者和用人单位的权利义务，劳动合同中的每一则条款都需仔细研究。实践中，有的用人单位可能会利用自身的优势地位，在劳动合同中规定免责条款，以减轻或者免除自己的责任或义务。但用人单位排除自己法定责任、排除劳动者权利的免责条款是无效的。用人单位在劳动合同中任意规定己方免责条款的做法，极易引起劳动者和用人单位之间的法律纠纷，给企业带来法律风险的同时，还增加了企业的诉讼成本。在订立劳动合同的时候，用人单位应谨慎适用免责条款。

风险案例

▶ 公司因在劳动合同中规定不负责职工社保而被员工起诉

2021年8月23日，甲与某汽车租赁公司签订了一份书面劳动合同。2022年9月15日，甲生育一女孩，当甲去领生育津贴时，才知道公司一直未给自己缴纳社会保险，甲因此无法领取产假生育津贴。甲便要求公司赔偿，却被公司告知签订的劳动合同中明确约定了公司不负责缴纳职工社会保险，甲既然签订了劳动合同，就表明同意该条款，所以，公司无须为甲缴纳社会保险，也无须赔偿甲因此遭受的损失。甲认为用人单位为员工缴纳社保是法律明确规定的义务，合同约定并不能免除用人单位的法定义务。

那么，甲的说法有法律依据吗？用人单位任意规定自己一方的免责条款的，将面临怎样的法律风险？

第1章 劳动合同订立与履行中的风险

> **案例解析**

甲的说法有法律依据。我国《劳动法》第七十二条规定："社会保险基金按照保险类型确定资金来源，逐步实行社会统筹。用人单位和劳动者必须依法参加社会保险，缴纳社会保险费。"《社会保险法》第八十六条规定："用人单位未按时足额缴纳社会保险费的，由社会保险费征收机构责令限期缴纳或者补足，并自欠缴之日起，按日加收万分之五的滞纳金；逾期仍不缴纳的，由有关行政部门处欠缴数额一倍以上三倍以下的罚款。"由此可知，第一，为员工缴纳社会保险是用人单位的法定义务，用人单位应该依法为员工缴纳社会保险；第二，用人单位未按时足额缴纳社会保险费的，自欠缴之日起加收滞纳金或处以罚款。同时，根据我国《劳动合同法》第三十八条第一款的规定，用人单位不依法为员工缴纳社会保险的，劳动者可以单方面解除劳动合同。即使劳动者不行使解除合同的权利，该免责条款也是无效的，因为我国《劳动合同法》第二十六条第二项规定，用人单位免除自己的法定责任、排除劳动者权利的合同无效或者部分无效。

本案中，该汽车租赁公司于 2021 年 8 月 23 日与甲签订了劳动合同，就应当按照法律规定为其缴纳社会保险，但该汽车租赁公司直到 2022 年 9 月 15 日也未为甲缴纳社会保险。根据法律规定，甲可以单方面解除劳动合同，如果甲不想解除劳动合同，则可以主张劳动合同中规定的用人单位不缴纳社会保险的条款无效，其他条款继续有效。用人单位应为甲补缴社会保险，并赔偿甲因此遭受的实际损失。除此之外，该汽车租赁公司还要向相关行政部门缴纳滞纳金或欠缴金额一倍以上三倍以下的罚款。

法治社会就是任何人、任何事都处于法律的监管之下，单位和个人在作出任何决定之前都要考虑法律责任和后果。如果用人单位在劳动合同中免除自己应承担的法定义务，则免除条款无效，用人单位仍然要承担相应的法律责任。

法律依据

《中华人民共和国劳动合同法》

第二十六条　下列劳动合同无效或者部分无效：

（一）以欺诈、胁迫的手段或者乘人之危，使对方在违背真实意思的情况下订立或者变更劳动合同的；

（二）用人单位免除自己的法定责任、排除劳动者权利的；

（三）违反法律、行政法规强制性规定的。

对劳动合同的无效或者部分无效有争议的，由劳动争议仲裁机构或者人民法院确认。

第三十八条第一款　用人单位有下列情形之一的，劳动者可以解除劳动合同：

……

（三）未依法为劳动者缴纳社会保险费的；

……

《中华人民共和国劳动法》

第七十二条　社会保险基金按照保险类型确定资金来源，逐步实行社会统筹。用人单位和劳动者必须依法参加社会保险，缴纳社会保险费。

《中华人民共和国社会保险法》

第八十六条 用人单位未按时足额缴纳社会保险费的,由社会保险费征收机构责令限期缴纳或者补足,并自欠缴之日起,按日加收万分之五的滞纳金;逾期仍不缴纳的,由有关行政部门处欠缴数额一倍以上三倍以下的罚款。

风险预警

(1) 用人单位不得在劳动合同中任意规定自己一方的免责条款。

(2) 用人单位不得在劳动合同中免除自己的法定义务。

(3) 用人单位通过劳动合同免除自身法定义务的,将受到行政处罚。

(4) 按时为劳动者缴纳社会保险费是用人单位的法定义务,任何方式或途径都不能使其免于承担。

4. 用人单位在劳动合同中任意规定竞业禁止条款的,有什么风险?

商业秘密包括企业发展的重要技术信息、经营信息、客户信息等,属于企业的一项财产权利,事关企业的竞争力、发展前途,甚至直接影响企业生死存亡。用人单位基于保护自己商业秘密的目的,可以与劳动者签订竞业禁止条款或竞业禁止协议。需要注意的是,竞业禁止限制劳动者的择业权,而择业权属于劳动权的一部分,是宪法所保障的公民的基本权利之一。所以用人单位在与劳动者签订竞业禁止条款或协议时，一定要注意不能损害劳动者的基本生活权益，这是竞业禁止条款或协议有效的关键。

风险案例

▶ 单位在劳动合同中规定了显失公平的竞业禁止条款致使合同内容无效

2020年3月1日，A入职甲网络公司，任职技术部门总监。为保护商业秘密，公司在劳动合同中加入了竞业禁止条款，约定竞业限制期为A自离职之日起四年。该期间A不得入职与甲网络公司有竞争关系的单位，不得自主创办或与他人合办与甲网络公司属于同类经营业务的公司，如果A违反竞业禁止义务，A应向甲网络公司支付违约金15万元。2021年3月1日，A与甲网络公司解除劳动关系。2022年3月1日，A入职与甲网络公司存在竞争关系的乙网络公司，担任副总经理。2021年3月1日至2022年3月1日期间，甲网络公司未向A支付竞业禁止经济补偿金。2022年3月5日，甲网络公司得知A在乙网络公司工作，便通过司法程序要求A履行竞业禁止义务，并承担违约责任。A认为，甲网络公司虽与自己约定了竞业禁止，但并未约定竞业禁止经济补偿金，且甲网络公司未实际支付过竞业禁止经济补偿金，所以该竞业禁止条款明显不利于自己，属于显失公平的条款，应归于无效，自己无须遵守竞业禁止的约定，也无须向甲网络公司承担违约责任。

那么，A的说法有法律依据吗？单位在劳动合同中任意规定竞业禁止条款的，有什么风险？

第 1 章 劳动合同订立与履行中的风险

> 案例解析

A 的说法有法律依据。我国《劳动合同法》第二十三条规定："用人单位与劳动者可以在劳动合同中约定保守用人单位的商业秘密和与知识产权相关的保密事项。对负有保密义务的劳动者，用人单位可以在劳动合同或者保密协议中与劳动者约定竞业限制条款，并约定在解除或者终止劳动合同后，在竞业限制期限内按月给予劳动者经济补偿。劳动者违反竞业限制约定的，应当按照约定向用人单位支付违约金。"由此可知，用人单位可与劳动者签订竞业禁止条款或协议，但用人单位应在解除或终止劳动合同后按月向劳动者支付经济补偿金。

除此之外，竞业禁止期限最长不得超过两年。我国《劳动合同法》第二十四条规定："竞业限制的人员限于用人单位的高级管理人员、高级技术人员和其他负有保密义务的人员。竞业限制的范围、地域、期限由用人单位与劳动者约定，竞业限制的约定不得违反法律、法规的规定。在解除或者终止劳动合同后，前款规定的人员到与本单位生产或者经营同类产品、从事同类业务的有竞争关系的其他用人单位，或者自己开业生产或者经营同类产品、从事同类业务的竞业限制期限，不得超过二年。"竞业禁止条款虽是双方约定的条款，但其属于劳动合同的一部分，受劳动合同法律的约束和规范。签订劳动合同的双方在法律上是平等的，但在谈判能力上却悬殊。为了保护劳动者的权益，《劳动合同法》为劳动合同设定了基准和限度。竞业禁止期限也是《劳动合同法》设定的基准和限度之一，用人单位不能利用自己的优势地位随心所欲约定竞业禁止期限和责任。

在上面的案例中，甲网络公司与 A 签订的竞业禁止条款无效。首先，四年的竞业禁止期限超过了《劳动合同法》规定的最长期限；其次，竞业禁止条款未写明甲网络公司应按月向 A 支付经济补偿金，且自 2021 年 3 月 1 日 A 与甲网络公司解除劳动关系至 2022 年 3 月 1 日 A 入职乙网络公司，甲网络公司未实际支付 A 任何经济补偿金；最后，竞业禁止条款显失公平，竞业禁止条款只约定了 A 应遵守的义务，未约定竞业禁止期间 A 应享有的权利，也就是获取经济补偿金的权利，所以该竞业禁止条款无效。A 无须继续履行竞业禁止条款，也无须向甲网络公司承担违约责任。

根据上述案例可知，用人单位在劳动合同中任意规定竞业禁止条款的，可能会导致竞业禁止条款无效。这样易造成用人单位商业秘密或技术成果泄露，对企业经济发展和市场竞争力造成不良影响。

法律依据

《中华人民共和国劳动合同法》

第二十三条　用人单位与劳动者可以在劳动合同中约定保守用人单位的商业秘密和与知识产权相关的保密事项。

对负有保密义务的劳动者，用人单位可以在劳动合同或者保密协议中与劳动者约定竞业限制条款，并约定在解除或者终止劳动合同后，在竞业限制期限内按月给予劳动者经济补偿。劳动者违反竞业限制约定的，应当按照约定向用人单位支付违约金。

第二十四条　竞业限制的人员限于用人单位的高级管理人员、高级技术人员和其他负有保密义务的人员。竞业限制的范围、地域、期限由用人单位与劳动者约定，竞业限制的约定不得违反法律、法规的规定。

在解除或者终止劳动合同后，前款规定的人员到与本单位生产或者经营同类产品、从事同类业务的有竞争关系的其他用人单位，或者自己开业生产或者经营同类产品、从事同类业务的竞业限制期限，不得超过二年。

风险预警

(1) 缺乏用人单位向劳动者支付经济补偿内容会导致竞业禁止条款无效。
(2) 竞业禁止的期限不得超过二年。
(3) 竞业禁止不得损害劳动者的基本权利。
(4) 竞业禁止条款只限制劳动者的择业权，不限制其他权利。

5. 具备相应资格的员工申请签订无固定期限劳动合同，单位拒绝的，有什么风险？

无固定期限劳动合同是法定劳动合同的一种。随着经济的发展、社会的进步，无固定期限劳动合同在调整劳动关系中扮演着越来越重要的角色。对于用人单位而言，无固定期限劳动合同可以降低企业管理成本，提高员工忠诚度和归属感，提高企业的综合竞争力。对于劳动者而言，无固定期限劳动合同可以有效保障其合法利益，打破固定期限劳动合同对劳动者权利的诸多限制。

然而，在实际操作中，用人单位与劳动者签订无固定期限劳动合同也存在不利之处，会使自身面临一定用工风险。首先，合同期满作为解除劳动合同的条件无法适用；其次，解除无固定期限劳动合同的经济补偿金是解除固定期限劳动合同的经济补偿金的二倍。基于上述考虑，具备相应资格的员工申请签订无固定期限劳动合同，有些单位可能会拒绝，但这会给企业带来哪些风险呢？

风险案例

▶ 公司因拒绝与具备资格的员工签订无固定期限劳动合同而被判支付赔偿金

2014年8月11日，小K入职甲公司。之后，用人单位和小K签订了两次固定期限劳动合同，第一次合同期限为自2014年8月11日至2017年8月10日，第二次合同期限为自2017年8月11日至2022年8月10日。2022年8月初，甲公司向小K发出了劳动合同到期不再续签的通知，内容为："双方签订的劳动合同于2022年8月10日到期，本公司决定不再与你续签合同，劳动关系自合同到期日解除。"小K收到通知后立即向公司回函，要求甲公司与自己签订无固定期限劳动合同，不接受甲公司制定的补偿方案。甲公司虽收到了小K的回函，却仍在2022年8月11日以劳动合同期满不同意续签为由终止了与小K的劳动关系。小K不服，于8月20日向B劳动人事争议仲裁委员会[①]申请仲裁，要求甲公司支付违法终止劳动合同赔偿金15万元。甲公司认为双方劳

---

① 劳动人事争议仲裁委员会，以下简称劳动仲裁委员会。

第 1 章　劳动合同订立与履行中的风险

动合同已到期，该公司终止劳动合同并不违法，签订无固定期限劳动合同须双方达成一致，公司未同意签订无固定期限劳动合同，所以无固定期限劳动合同无法签订。

那么，甲公司的说法有法律依据吗？用人单位拒绝与具备相应资格的员工签订无固定期限劳动合同的，将面临怎样的法律风险？

案例解析

甲公司的说法没有法律依据。我国《劳动合同法》第十四条规定："无固定期限劳动合同，是指用人单位与劳动者约定无确定终止时间的劳动合同。用人单位与劳动者协商一致，可以订立无固定期限劳动合同。有下列情形之一，劳动者提出或者同意续订、订立劳动合同的，除劳动者提出订立固定期限劳动合同外，应当订立无固定期限劳动合同：（一）劳动者在该用人单位连续工作满十年的；（二）用人单位初次实行劳动合同制度或者国有企业改制重新订立劳动合同时，劳动者在该用人单位连续工作满十年且距法定退休年龄不足十年的；（三）连续订立二次固定期限劳动合同，且劳动者没有本法第三十九条和第四十条第一项、第二项规定的情形，续订劳动合同的。用人单位自用工之日起满一年不与劳动者订立书面劳动合同的，视为用人单位与劳动者已订立无固定期限劳动合同。"根据该法条内容可知，签订无固定期限劳动合同的方式有三种：第一，用人单位和劳动者协商一致；第二，存在法律规定的三种情形之一，且劳动者提出订立无固定期限劳动合同的；第三，自用工之日起满一年，用人单位未与劳动者订立书面劳动合同，视为双方订立了无固定期限劳动合同。

在上面的案例中，甲公司与小 K 签订了两次固定期限劳动合同，且小 K 不存在《劳动合同法》第三十九条和第四十条第一项、第二项规定的情形，既不存在用人单位可以单方解除劳动合同的情形，也不存在劳动者患病或非因工负伤且在医疗期满后不能继续从事原工作也不能从事用人单位新安排的工作的情形，还不存在不能胜任工作且经过培训或调整岗位后仍无法胜任工作的情形。此种情况下，小 K 提出与甲公司签订无固定期限劳动合同的，甲公司无权拒绝。甲公司没有选择权，所以其主张应由双方协商一致签订无固定期限劳动合同的意见无法得到支持。甲公司以劳动合同到期为由拒绝与小 K 订立无固定期限劳动合同的行为构成违法解除劳动合同。

《劳动合同法》第八十二条第二款规定："用人单位违反本法规定不与劳动者订立无固定期限劳动合同的，自应当订立无固定期限劳动合同之日起向劳动者每月支付二倍的工资。" 在上面的案例中，甲公司违法解除劳动合同，应向小 K 支付违法解除劳动合同赔偿金。如果甲公司一直不与小 K 签订无固定期限劳动合同，那么甲公司应自应当订立无固定期限劳动合同之日起向小 K 每月支付二倍的工资，此时，甲公司将面临更多的责任和义务。

法律依据

《中华人民共和国劳动合同法》

第十四条 无固定期限劳动合同，是指用人单位与劳动者约定无确定终止时间的劳动合同。

用人单位与劳动者协商一致，可以订立无固定期限劳动合同。有下列情形之一，劳动者提出或者同意续订、订立劳动合同的，除劳动者提出订立固定期限劳动合同外，应当订立无固定期限劳动合同：

（一）劳动者在该用人单位连续工作满十年的；

（二）用人单位初次实行劳动合同制度或者国有企业改制重新订立劳动合同时，劳动者在该用人单位连续工作满十年且距法定退休年龄不足十年的；

（三）连续订立二次固定期限劳动合同，且劳动者没有本法第三十九条和第四十条第一项、第二项规定的情形，续订劳动合同的。

用人单位自用工之日起满一年不与劳动者订立书面劳动合同的，视为用人单位与劳动者已订立无固定期限劳动合同。

第三十九条　劳动者有下列情形之一的，用人单位可以解除劳动合同：

（一）在试用期间被证明不符合录用条件的；

（二）严重违反用人单位的规章制度的；

（三）严重失职，营私舞弊，给用人单位造成重大损害的；

（四）劳动者同时与其他用人单位建立劳动关系，对完成本单位的工作任务造成严重影响，或者经用人单位提出，拒不改正的；

（五）因本法第二十六条第一款第一项规定的情形致使劳动合同无效的；

（六）被依法追究刑事责任的。

第四十条　有下列情形之一的，用人单位提前三十日以书面形式通知劳动者本人或者额外支付劳动者一个月工资后，可以解除劳动合同：

（一）劳动者患病或者非因工负伤，在规定的医疗期满后不能从事原工作，也不能从事由用人单位另行安排的工作的；

（二）劳动者不能胜任工作，经过培训或者调整工作岗位，仍不能胜任工作的；

……

第八十二条第二款　用人单位违反本法规定不与劳动者订立无固定期限劳动合同的，自应当订立无固定期限劳动合同之日起向劳动者每月支付二倍的工资。

风险预警

（1）应签订无固定期限劳动合同，且劳动者提出签订无固定期限劳动合同的，用人单位无权拒绝。

（2）双方协商一致签订无固定期限劳动合同并不是在所有情况下都适用。

（3）依法应签订无固定期限劳动合同的，用人单位应及时与劳动者签订，否则可能会引起法律纠纷，并需要按月向劳动者支付双倍工资的赔偿。

（4）无故拒绝与具备相应资格的员工签订无固定期限劳动合同的，可能会降低员工的归属感和凝聚力，给企业带来法律风险，进而影响企业长足发展。

6. 与身份不明的人签订劳动合同有什么风险?

劳动合同是用人单位和劳动者确定劳动关系的依据，涉及双方的权利和义务，任何一方都应认真、诚实对待。实践中，有很多用人单位既不做招聘计划，也不做人才储备，一旦出现岗位人员不足，便急匆匆地招人。职工招来即用，也不调查其身份和背景，后经调查才发现招录的职工不符合录用条件，但为时已晚。如果用人单位招录了身份不明的职工，且与之签订了书面劳动合同的，劳动合同效力如何？会给用人单位带来怎样的风险？

风险案例

▶ 劳动者假冒他人身份与用人单位签订的劳动合同无效

小王是山东人，婚后留在河北石家庄生活，但户口一直在山东。2012年9月13日，甲公司对外招聘办公室文员，要求具有石家庄户口。小王因户口问题不能应聘，于是想了一个"好办法"。次日，小王带着具有石家庄户口的小刘的资料前去甲公司应聘，并被甲公司录用。10月8日，双方签订书面劳动合同。签订合同前，甲公司人力资源部负责人让小王出示身份证，公司需复印存档。由于小王的身份信息都是假冒的，他无法当场拿出身份证明，于是小王告诉人力资源部负责人，身份证丢失了，正在补办，补办完就带过来。人力资源部负责人未多想，也未做进一步调查，便与小王签订了书面劳动合同。之后，小王向甲公司提供了具有石家庄户口的小刘的身份证，并以小刘的身份在甲公司连续工作了七年。这期间，甲公司与小王签订过两次固定期限劳动合同。2021年

9月1日，小王与甲公司签订的固定劳动合同到期，小王以小刘的身份要求与甲公司签订无固定期限劳动合同，但甲公司一直拖延。9月10日，甲公司在集中办理员工社保卡的时候发现，小王的身份证照片与社保部门登记信息不符。9月20日，社保部门通知甲公司，审计过程中发现小刘在两个单位参保，要求甲公司说明情况，并中断了小刘的社保。经过调查，甲公司得知，近几年，小王一直以小刘的身份在甲公司工作，领取工资、福利待遇，公司也一直以小刘的身份为其缴纳社会保险，而真正的小刘在乙公司工作。事发后，甲公司立即解除了与小王的劳动关系，甲公司为小刘缴纳的社保费截至2021年9月。事后，小王多次请求单位领导恢复双方的劳动关系，却一直无果。2022年3月6日，小王向当地仲裁委申请仲裁，要求甲公司与自己签订无固定期限劳动合同，补发待岗期间生活费并补缴社会保险。

那么，小王的请求有法律依据吗？用人单位与身份不明的人签订劳动合同的，将面临怎样的法律风险？

案例解析

小王的说法没有法律依据。我国《劳动合同法》第三条第一款规定："订立劳动合同，应当遵循合法、公平、平等自愿、协商一致、诚实信用的原则。"通过该法条可知，用人单位和劳动者在签订书面劳动合同时应秉持诚实信用的原则，劳动者不得隐瞒与工作相关的信息，否则有违诚实信用原则。那么，劳动者利用他人身份与用人单位订立的书面劳动合同效力如何呢？我国《劳动合同法》第二十六条第一款规定："下列劳动合同无效或者部分无效：（一）以欺诈、胁迫的手段或者乘人之危，使对方在违背真实意思的情况下订立或者变更劳动合同的；……"根据《最高人民法院关于适用〈中华人民共和国民法典〉总则编若干问题的解释》第二十一条的规定，"欺诈"是指：故意告知虚假情况，或者负有告知义务的人故意隐瞒真实情况，致使当事人基于错误认识作出意思表示。通过上述法条可知，劳动者故意隐瞒自己的身份，告诉用人单位虚假的信息，诱使用人单位在违背自己真实意思的情况下与之签订劳动合同的，劳动合同无效。

在上面的案例中，小王故意隐瞒自己的真实身份，通过假冒他人身份入职甲公司，诱使甲公司与之订立劳动合同，其行为属于欺诈。根据《劳动合同法》第二十六条的规定，小王通过欺诈手段与甲公司订立的劳动合同无效。根据我国《劳动法》第十八条第二款规定的"无效的劳动合同，从订立的时候起，就没有法律约束力"可知，小王冒用小刘名义与甲公司签订的两次固定期限劳动合同自始无效，因此，小王无权要求甲公司与自己签订无固定期限劳动合同，也无权请求甲公司为自己补发待岗期间的生活费、补缴社会保险。

法律依据

《中华人民共和国劳动合同法》

第三条第一款 订立劳动合同，应当遵循合法、公平、平等自愿、协商一致、诚实信用的原则。

第二十六条第一款 下列劳动合同无效或者部分无效：

（一）以欺诈、胁迫的手段或者乘人之危，使对方在违背真实意思的情况下订立或者变更劳动合同的；

……

《中华人民共和国劳动法》

第十八条第二款 无效的劳动合同,从订立的时候起,就没有法律约束力。确认劳动合同部分无效的,如果不影响其余部分的效力,其余部分仍然有效。

《最高人民法院关于适用〈中华人民共和国民法典〉总则编若干问题的解释》

第二十一条 故意告知虚假情况,或者负有告知义务的人故意隐瞒真实情况,致使当事人基于错误认识作出意思表示的,人民法院可以认定为民法典第一百四十八条、第一百四十九条规定的欺诈。

> **风险预警**
>
> (1) 用人单位日常应做好招聘计划和人才储备。
>
> (2) 用人单位应对劳动者进行身份和背景调查,切忌与身份不明的人签订劳动合同。
>
> (3) 用人单位与身份不明者签订劳动合同,可能会导致劳动合同无效,双重劳动关系、双重社会保险等后果。

7. 与童工签订劳动合同有什么风险?

尽管国家明令禁止、严厉打击，雇用童工现象仍屡禁不绝，一方面，用人单位觉得使用廉价的童工能大大降低生产经营成本；另一方面，一些劳动密集型企业在招工难的时候往往会放宽年龄限制。但是，使用童工是违法行为，一旦事发，用人单位不仅会受到法律的处罚，还会陷于纠纷，会给自身带来财力、人力等方面的损失和麻烦。

风险案例

▶ 童工在劳动期间患病，用工企业应承担医疗费和生活费

年仅15周岁的白某辍学在家，想找一份工作。一日，某乡镇企业因急缺人手到白某所在的村子招纳女工。白某前去报名，现场的工作人员看她还像个孩子，便问其年龄，白某随口说自己16岁了。工作人员以为其恰好满16周岁，符合招工条件，便让其登记并签订了劳动合同。其实，白某所报的年龄为虚岁，其实际年龄为15周岁。随后，白某在带班老员工的帮助下很快进入了工作状态。但是，没过多久，由于每天高强度工作，以及经常加班，白某的身体吃不消了，患病卧床不能工作。乡镇企业负责人见状，决定一次性给付其1000元生活费，并告知其回家休养不用再来工作。白某回家后，其父母找到村干部诉说这番经历。经村干部提醒，白某一家得知，因乡镇企业的违法用工行为，他们可以向县劳动行政部门申诉，并要求乡镇企业承担其治疗期间的医疗费和生活费。

那么，该乡镇企业应承担何种法律责任？

案例解析

我国公民的最低就业年龄是16周岁，未满16周岁不能就业，不能与用人单位产生劳动法律关系。也就是说，用人单位不能与未满16周岁的公民签订劳动合同。但是，在实践中，一些用人单位或是由于疏忽大意，或是明知故犯，与未满16周岁的公民签订了劳动合同，这就涉及非法招用童工的问题。对此，我国《劳动法》第九十四条明确规定，用人单位非法招用未满16周岁的未成年人的，由劳动行政部门责令改正，处以罚款；情节严重的，由市场监督管理部门吊销营业执照。可见，用人单位与未满16周岁的公民签订的劳动合同不仅无效，还可能招致行政处罚。此外，如果童工有伤、残、死亡结果的，对此负有责任的单位和个人，也要受到相应的行政处罚，构成犯罪的，还会被追究刑事责任。

在上面的案例中，乡镇企业在招工时因疏忽大意没有仔细审查白某的年龄而与之签订了劳动合同，造成了非法使用童工的结果，其应该为自己的行为买单。而对于白某在工作中患病一事，乡镇企业应该承担白某的医疗费和生活费。对此，《禁止使用童工规定》第十条第一款明确规定："童工患病或者受伤的，用人单位应当负责送到医疗机构治疗，并负担治疗期间的全部医疗和生活费用。"

需要说明的是，文艺、体育单位经未成年人的父母或者其他监护人同意，可以招用不满16周岁的专业文艺工作者、运动员，但应当保障被招用的不满16周岁的未成年人的身心健康，保障其接受义务教育的权利。

法律依据

《中华人民共和国劳动法》

第九十四条　用人单位非法招用未满十六周岁的未成年人的，由劳动行政部门责令改正，处以罚款；情节严重的，由市场监督管理部门吊销营业执照。

《禁止使用童工规定》

第二条　国家机关、社会团体、企业事业单位、民办非企业单位或者个体工商户（以下统称用人单位）均不得招用不满16周岁的未成年人（招用不满16周岁的未成年人，以下统称使用童工）。

禁止任何单位或者个人为不满16周岁的未成年人介绍就业。

禁止不满16周岁的未成年人开业从事个体经营活动。

第六条　用人单位使用童工的，由劳动保障行政部门按照每使用一名童工每月处5000元罚款的标准给予处罚；在使用有毒物品的作业场所使用童工的，按照《使用有毒物品作业场所劳动保护条例》规定的罚款幅度，或者按照每使用一名童工每月处5000元罚款的标准，从重处罚。劳动保障行政部门并应当责令用人单位限期将童工送回原居住地交其父母或者其他监护人，所需交通和食宿费用全部由用人单位承担。

用人单位经劳动保障行政部门依照前款规定责令限期改正，逾期仍不将童工送交其父母或者其他监护人的，从责令限期改正之日起，由劳动保障行政部门按照每使用一名童工每月处1万元罚款的标准处罚，并由工商行政管理部门吊销其营业执照或者由民政部门撤销民办非企业单位登记；用人单位是国家机关、事业单位的，由有关单位依法对直接负责的主管人员和其他直接责任人员给予降级或者撤职的行政处分或者纪律处分。

第十条 童工患病或者受伤的，用人单位应当负责送到医疗机构治疗，并负担治疗期间的全部医疗和生活费用。

童工伤残或者死亡的，用人单位由工商行政管理部门吊销营业执照或者由民政部门撤销民办非企业单位登记；用人单位是国家机关、事业单位的，由有关单位依法对直接负责的主管人员和其他直接责任人员给予降级或者撤职的行政处分或者纪律处分；用人单位还应当一次性地对伤残的童工、死亡童工的直系亲属给予赔偿，赔偿金额按照国家工伤保险的有关规定计算。

第十三条 文艺、体育单位经未成年人的父母或者其他监护人同意，可以招用不满16周岁的专业文艺工作者、运动员。用人单位应当保障被招用的不满16周岁的未成年人的身心健康，保障其接受义务教育的权利。文艺、体育单位招用不满16周岁的专业文艺工作者、运动员的办法，由国务院劳动保障行政部门会同国务院文化、体育行政部门制定。

学校、其他教育机构以及职业培训机构按照国家有关规定组织不满16周岁的未成年人进行不影响其人身安全和身心健康的教育实践劳动、职业技能培训劳动，不属于使用童工。

风险预警

（1）用人单位应谨慎识别签订劳动合同的劳动者是否具有劳动合同主体资格，应注重入职审查环节，不能招用未满16周岁的未成年人（文艺、体育单位经未成年人的父母或者其他监护人同意的除外）。

（2）童工在劳动期间患病或者受伤的，用工单位应承担治疗期间的全部医疗和生活费用。

8. 员工劳动合同到期后继续工作，用人单位不及时与之签订书面劳动合同的，有什么风险？

书面劳动合同是证明用人单位与劳动者之间建立劳动关系的最有力证明，具有非常重要的作用。首先，对于劳动者一方，劳动合同可以规范用人单位的用工行为，这对于保护劳动者的合法权益有很大帮助。如果没有劳动合同规定劳动者的工作岗位、工资待遇、工作期限等内容，用人单位就可能会随时变更约定的条件，使劳动者处于被动的不利地位。其次，对于用人单位一方，不签订劳动合同，劳动者可以以未及时签订劳动合同主张解除劳动关系，并要求用人单位支付双倍工资，给单位造成损失。综上，及时签订劳动合同，不仅有利于规范企业管理，维护劳动者权益，还可以为企业规避风险，避免不必要的纠纷。

风险案例

▶ **用人单位因未及时续签劳动合同而支付双倍工资**

2018年8月6日，小胡入职甲公司，任职客服主管，月薪4000元，双方签订了为期三年的书面劳动合同。2021年8月6日，劳动合同到期，甲公司没有提出续签劳动合同，但默认了小胡继续留在甲公司工作的事实。2022年7月20日，甲公司为降低经营成本，缩减人员，集中对劳动合同进行审查时，才发现与小胡签订的劳动合同早已到期。公司人力资源部负责人立即向小胡发送了解除劳动关系通知，要求小胡在7月25日之前办理好交接手续并离职。小胡不服，向当地劳动仲裁委员会申请劳动仲裁，要求甲公司支付2021年9月6日至2022年7月25日期间双倍工资。

那么，小胡的请求有法律依据吗？员工的劳动合同到期后继续工作，用人单位不及时与之签订书面劳动合同的，将面临怎样的法律风险？

案例解析

《劳动和社会保障部关于确立劳动关系有关事项的通知》第一条规定："用人单位招用劳动者未订立书面劳动合同，但同时具备下列情形的，劳动关系成立。（一）用人单位和劳动者符合法律、法规规定的主体资格；（二）用人单位依法制定的各项劳动规章制度适用于劳动者，劳动者受用人单位的劳动管理，从事用人单位安排的有报酬的劳动；（三）劳动者提供的劳动是用人单位业务的组成部分。"由此可知，用人单位和劳动者具备签订劳动合同的主体资格，劳动者在用人单位工作，受用人单位规章制度管理，用人单位向其发放报酬，且劳动者从事的工作属于用人单位业务组成部分的，成立事实劳动法律关系。也即是说，是否签订书面劳动合同，并不影响劳动关系的建立。《最高人民法院关于审理劳动争议案件适用法律问题的解释（一）》第三十四条第一款规定："劳动合同期满后，劳动者仍在原用人单位工作，原用人单位未表示异议的，视为双方同意以原条件继续履行劳动合同。一方提出终止劳动关系的，人民法院应予支持。"《劳动部关于实行劳动合同制度若干问题的通知》第十四条规定，"有固定期限的劳动合同期满后，因用人单位方面的原因未办理终止或续订手续而形成事实劳动关系的，视为续订劳动合同"。由此可知，劳动合同期满后，双方未续订劳动合同，劳动者继续在用人单位工作的，视为以原条件继续履行劳动合同或续订劳动合同。

第1章　劳动合同订立与履行中的风险

此外,《劳动合同法》第十条第一款、第二款规定:"建立劳动关系,应当订立书面劳动合同。已建立劳动关系,未同时订立书面劳动合同的,应当自用工之日起一个月内订立书面劳动合同。"第八十二条第一款规定:"用人单位自用工之日起超过一个月不满一年未与劳动者订立书面劳动合同的,应当向劳动者每月支付二倍的工资。"根据上述法条可知,建立劳动关系应签订书面劳动合同,已建立劳动关系,未同时订立书面劳动合同的,用人单位与劳动者应在用工之日起一个月内签订书面劳动合同。自用工之日起超过一个月未满一年,用人单位未与劳动者签订书面劳动合同的,用人单位应支付劳动者该期间双倍工资。

在上面的案例中,小胡与甲公司第一次签订的劳动合同到期后,甲公司未发出续签劳动合同的通知。小胡继续在甲公司上班,服从甲公司规章制度管理,甲公司为其发放工资,且小胡的工作属于甲公司的业务组成部分,双方自劳动合同到期日成立事实劳动关系,且视为双方同意继续以原条件履行劳动合同或续订劳动合同。事实上,在小胡的劳动合同到期后,甲公司应在劳动合同到期日一个月内与小胡签订书面劳动合同,未签订书面劳动合同的,甲公司应支付小胡合同期满之日超过一个月后的工作期间的双倍工资。

法律依据

《中华人民共和国劳动合同法》

第十条第一款、第二款　建立劳动关系,应当订立书面劳动合同。

已建立劳动关系,未同时订立书面劳动合同的,应当自用工之日起一个月内订立书面劳动合同。

第八十二条第一款 用人单位自用工之日起超过一个月不满一年未与劳动者订立书面劳动合同的，应当向劳动者每月支付二倍的工资。

《最高人民法院关于审理劳动争议案件适用法律问题的解释（一）》

第三十四条第一款 劳动合同期满后，劳动者仍在原用人单位工作，原用人单位未表示异议的，视为双方同意以原条件继续履行劳动合同。一方提出终止劳动关系的，人民法院应予支持。

《劳动部关于实行劳动合同制度若干问题的通知》

14. 有固定期限的劳动合同期满后，因用人单位方面的原因未办理终止或续订手续而形成事实劳动关系的，视为续订劳动合同。用人单位应及时与劳动者协商合同期限，办理续订手续。由此给劳动者造成损失的，该用人单位应当依法承担赔偿责任。

《劳动和社会保障部关于确立劳动关系有关事项的通知》

一、用人单位招用劳动者未订立书面劳动合同，但同时具备下列情形的，劳动关系成立。

（一）用人单位和劳动者符合法律、法规规定的主体资格；

（二）用人单位依法制定的各项劳动规章制度适用于劳动者，劳动者受用人单位的劳动管理，从事用人单位安排的有报酬的劳动；

（三）劳动者提供的劳动是用人单位业务的组成部分。

> **风险预警**
>
> （1）员工的劳动合同到期后继续工作，单位不及时与之签订书面劳动合同的，用人单位与劳动者成立事实劳动关系。
>
> （2）员工的劳动合同到期后，用人单位应在劳动合同到期日前，向劳动者提出续签劳动合同，不续签的，应及时提出。
>
> （3）员工的劳动合同到期后继续工作，单位不及时与之签订书面劳动合同的，用人单位支付劳动者自劳动合同到期日超过一个月不满一年期间双倍工资。

9. 公司新任领导擅自变更劳动合同内容的，有什么风险？

劳动合同是保障劳动者基本权益的基础和前提，对于企业用工和企业管理具有重要的指导意义。有些用人单位领导意识不到劳动合同的意义和重要性，随意更改劳动合同内容，致使员工权益受损，引起劳动者不满。尤其是随着社会发展，用人单位生产经营活动趋于多元化、多样化，在经营过程中股东、法定代表人、主要负责人变更的情形更是屡见不鲜。即使用人单位更换领导，新来的领导也不得随意变更劳动合同内容，否则可能会对用人单位造成不良影响。

风险案例

▶ **公司新任领导擅自变更劳动合同内容引起员工不满**

2019年3月12日，小红入职B公司，任职资产管理员，月薪4500元，周末双休。双方签订了为期五年的书面劳动合同。2021年11月13日，B公司董事长因车祸意外死亡。B公司董事长更换为王某。为了提高B公司的整体收益和市场竞争力，王某决定将职工的双休改为单休，同时降低职工工资，每位职工月薪降低200元。考虑到员工可能不同意，于是王某擅自先将所有劳动者的劳动合同内容进行了修改。小红等职工知道后，非常气愤，找王某理论。王某只是告诉他们，不服从用人单位安排的，可以自行离职。双方对此争执不下。2022年3月3日，小红等职工向当地劳动仲裁委员会申请仲裁，请求确认王某私自变更劳动合同内容的行为无效。

那么，小红等职工的请求有法律依据吗？公司新任领导擅自变更劳动合同内容的，将面临怎样的法律风险？

案例解析

小红等职工的请求有法律依据。首先，需要确定变更劳动者工资和休息时间是否属于变更劳动合同的内容。对此，我国《劳动合同法》第十七条规定："劳动合同应当具备以下条款：（一）用人单位的名称、住所和法定代表人或者主要负责人；（二）劳动者的姓名、住址和居民身份证或者其他有效身份证件号码；（三）劳动合同期限；（四）工作内容和工作地点；（五）工作时间和休息休假；（六）劳动报酬；（七）社会保险；（八）劳动保护、劳动条件和职业危害防护；（九）法律、法规规定应当纳入劳动合同的其他事项。劳动合同除前款规定的必备条款外，用人单位与劳动者可以约定试用期、培训、保守秘密、补充保险和福利待遇等其他事项。"由此可知，劳动者的劳动报酬和休息休假属于劳动合同的必备内容，用人单位变更劳动者薪资标准和休息休假的，属于变更劳动合同的内容。

其次，需要确定用人单位更换领导后，新任领导是否有权变更已经与员工签订的劳动合同。我国《劳动合同法》第三十三条规定："用人单位变更名称、法定代表人、主要负责人或者投资人等事项，不影响劳动合同的履行。"由此可知，用人单位领导发生变更的，劳动合同仍在有效期限内的，仍按照原劳动合同履行。除此之外，我国《劳动合同法》第三十五条规定："用人单位与劳动者协商一致，可以变更劳动合同约定的内容。变更劳动合同，应当采用书面形式。变更后的劳动合同文本由用人单位和劳动者各执一份。"根据上述法条可知，变更劳动合同约定的内容时，需用人单位和劳动者协商一致，并采用书面形式。

在上面的案例中，B公司的董事长虽然变更了，但不影响B公司与员工之间劳动合同的继续履行。B公司领导变更小红等职工的薪资标准和休息休假时，应和职工协商一致。未协商一致，私自变更的，变更的内容无效。

法律依据

《中华人民共和国劳动合同法》

第十七条 劳动合同应当具备以下条款：

（一）用人单位的名称、住所和法定代表人或者主要负责人；

（二）劳动者的姓名、住址和居民身份证或者其他有效身份证件号码；

（三）劳动合同期限；

（四）工作内容和工作地点；

（五）工作时间和休息休假；

（六）劳动报酬；

（七）社会保险；

（八）劳动保护、劳动条件和职业危害防护；

（九）法律、法规规定应当纳入劳动合同的其他事项。

劳动合同除前款规定的必备条款外，用人单位与劳动者可以约定试用期、培训、保守秘密、补充保险和福利待遇等其他事项。

第三十三条　用人单位变更名称、法定代表人、主要负责人或者投资人等事项，不影响劳动合同的履行。

第三十五条　用人单位与劳动者协商一致，可以变更劳动合同约定的内容。变更劳动合同，应当采用书面形式。

变更后的劳动合同文本由用人单位和劳动者各执一份。

风险预警

（1）用人单位更换法定代表人、主要负责人、投资人，或变更公司名称的，不影响用人单位与职工之间劳动合同的履行。

（2）用人单位变更劳动合同内容，应与员工协商一致。用人单位私自变更劳动合同内容的，变更内容无效。

10. 用人单位未与劳动者商量，随意调换职工工作岗位的，有什么风险？

　　劳动合同一旦签订，就具有确定的法律效力，如果欲对劳动合同的内容进行变更，需要双方当事人在平等、自愿的基础上协商一致，且需要用书面形式予以确认。在实践中，一些用人单位基于员工的表现、能力等，认为员工不胜任当前的工作岗位，就擅自调换其工作岗位，而调换后的工作岗位往往不如原岗位舒适和优越，那么就会让员工心里不平衡，由此，就为劳动纠纷的产生埋下了隐患。

风险案例

▶ **企业擅自调换职工的岗位，职工不服发生纠纷**

　　刘某自中专毕业后就在某电子元件厂设计部工作，已经工作七年多了。随着电子厂的不断发展和扩大，近两年有大批大学生来工厂谋职，刘某的学历和专业知识能力受到了挑战。一天，领导半开玩笑地问刘某，是不是在办公室待久了，需要下车间锻炼锻炼。刘某笑着回答说对现在的工作岗位很满意。但是不久后，刘某就接到让其调岗的通知，由设计部转到车间，负责监督工人焊接电子元件。车间不仅噪声嘈杂，还充斥着各种化学物质的气味，刘某本来就是过敏体质，如果去车间工作，身体可能会越来越差。刘某向厂里提出异议，表示不想转岗，却遭到拒绝。无奈之下，刘某提出辞职，同时要求厂里支付经济补偿金。电子元件厂认为人员管理属于经营自主权，给员工调动工作属于正常的经营管理范围，并无不妥。而且刘某辞职的事情，是其自己提出的，电子元件厂不应该支付任何经济补偿。刘某不服，提起了劳动仲裁。

案例解析

企业变更劳动者工作岗位，涉及的是劳动合同的变更问题。我国《劳动合同法》第三十五条第一款规定："用人单位与劳动者协商一致，可以变更劳动合同约定的内容。变更劳动合同，应当采用书面形式。"由此可见，在劳动合同的履行过程中，劳动合同是可以变更的，但是变更的前提条件是"用人单位与劳动者协商一致"，并且，劳动合同变更后，需要采用书面形式予以确认。据此，电子元件厂不能随意调换刘某的工作岗位，确有调整需要的，应与刘某协商一致并采用书面形式变更。

那么，如果企业未与劳动者商量，擅自变更了劳动合同，会有什么后果呢？一般来说，如果劳动者自己没有什么异议，那相安无事。一旦劳动者不服，就很可能产生纠纷，处理不好，企业不但会失去员工，还可能会产生经济损失。因为劳动合同的变更，可能会涉及劳动条件的改变。根据《劳动合同法》第三十八条第一款的规定，用人单位未按照劳动合同约定提供劳动保护或者劳动条件的，劳动者可以解除劳动合同。同时，该法第四十六条规定，劳动者依照该法第三十八条规定解除劳动合同的，用人单位应当向劳动者支付经济补偿。也就是说，企业擅自改变劳动者工作岗位的，如果涉及劳动条件的变化，就属于未按照劳动合同约定提供劳动条件。此时，劳动者可以根据《劳动合同法》第三十八条第一款的规定提出解除劳动合同，同时还可以依据该法第四十六条的规定要求企业给付经济补偿金。补偿的标准依据《劳动合同法》第四十七条的规定执行，即"经济补偿按劳动者在本单位工作的年限，每满一年支付一个月工资的标准"。例如在上面的案例中，刘某在电子元件厂工作七年多，那么工厂应该给付刘某的经济补偿金为其七个月的工资。

法律依据

《中华人民共和国劳动合同法》

第三十五条第一款 用人单位与劳动者协商一致，可以变更劳动合同约定的内容。变更劳动合同，应当采用书面形式。

第三十八条第一款 用人单位有下列情形之一的，劳动者可以解除劳动合同：

（一）未按照劳动合同约定提供劳动保护或者劳动条件的；

……

第四十六条 有下列情形之一的，用人单位应当向劳动者支付经济补偿：

（一）劳动者依照本法第三十八条规定解除劳动合同的；

……

第四十七条 经济补偿按劳动者在本单位工作的年限，每满一年支付一个月工资的标准向劳动者支付。六个月以上不满一年的，按一年计算；不满六个月的，向劳动者支付半个月工资的经济补偿。

劳动者月工资高于用人单位所在直辖市、设区的市级人民政府公布的本地区上年度职工月平均工资三倍的，向其支付经济补偿的标准按职工月平均工资三倍的数额支付，向其支付经济补偿的年限最高不超过十二年。

本条所称月工资是指劳动者在劳动合同解除或者终止前十二个月的平均工资。

> **风险预警**

（1）用人单位变更劳动合同时，需要与劳动者协商一致，并且要签订书面的劳动合同变更协议。

（2）劳动者因用人单位擅自更改重要的劳动合同内容而辞职的，用人单位需要支付经济补偿金。

（3）用人单位因为劳动者不同意更改劳动合同内容而解雇劳动者的，属于违法解除劳动合同，应当支付赔偿金。

第 2 章

劳动合同解除与终止中的风险

11. 用人单位在劳动者医疗期内与之解除劳动合同的，有什么风险？

近几年，劳动者和用人单位之间因病假问题产生的纠纷越来越多，有些是因为用人单位制定的病假制度过于苛刻，违反法律规定，侵害员工利益；有些是因为职工小病大养，故意延长医疗期，借病休假。为了保护劳动者的基本权益，我国劳动法律、法规规定了患病职工或非因工负伤职工，依法享受医疗期及病假工资等待遇，这是立法对劳动者的关怀和保护。但是，如果用人单位怀疑伤、病员工借病休假，或者劳动者确实存在借病休假的问题，用人单位是否可以在医疗期内与劳动者解除劳动合同呢？其中又存在哪些风险呢？

风险案例

▶ 公司在医疗期内与劳动者解除劳动合同而被要求支付赔偿金

2011年,甲大学毕业后直接在当地A公司入职工作。2018年2月1日,甲跳槽到C公司担任法务主管人员,月工资8000元,双方签订了劳动合同。2022年3月15日,甲在家中因意外导致右腿骨折,并在当日入院治疗。4月1日甲出院,5月15日病假期满,甲回医院复查,医生建议甲再休息一个月,以确保完全康复。甲通过电话向公司经理请假,希望再续假一个月,此时C公司经理告知他,病假期限已到,如无法回来上班,将视为甲自动离职。因腿伤未痊愈,甲无法坚持工作,于是甲一直在家休息。5月18日,C公司给甲发了一份劳动合同解除书,内容为:自5月15日起,甲开始旷工,严重影响公司法律事务部门相关工作的开展,本公司于5月18日与甲解除劳动合同,请甲于5月20日前回C公司办理离职手续。甲认为C公司在医疗期内与自己解除劳动合同的行为属于违法解除劳动合同,故向当地劳动仲裁委员会申请仲裁,要求C公司支付自己违法解除劳动合同的赔偿金。C公司认为:公司规章制度规定得很清楚,职工的伤、病假期最长为两个月,超过该期限无法返回岗位工作的,视为自动离职。甲因病休假两个月,且两个月的病假期限已到,应立即回公司上班,但其未按时回公司上班,应视为自动离职。

那么,C公司的说法有法律依据吗?用人单位在医疗期内与劳动者解除劳动合同的,将面临怎样的法律风险?

案例解析

C公司的说法没有法律依据。为保护伤、病劳动者的合法权益，防止合同解除权被用人单位滥用，我国《劳动合同法》第四十二条规定，劳动者患病或者非因工负伤，在规定的医疗期内的，用人单位不得依照本法第四十条、第四十一条的规定解除劳动合同。通过该规定可知，患病或非因工负伤的职工享有一定的医疗期，在该医疗期内用人单位不得与该伤、病职工解除劳动合同。此处又牵扯出另一问题，即医疗期的问题，何为医疗期？医疗期是多久呢？《企业职工患病或非因工负伤医疗期规定》第二条明确指出："医疗期是指企业职工因患病或非因工负伤停止工作治病休息不得解除劳动合同的时限。"第三条规定："企业职工因患病或非因工负伤，需要停止工作医疗时，根据本人实际参加工作年限和在本单位工作年限，给予三个月到二十四个月的医疗期：……（二）实际工作年限十年以上的，在本单位工作年限五年以下的为六个月；……"由此可知，医疗期是劳动者因患病或非因工负伤而享有的一定期限的休息休假权，法定期限为三个月至二十四个月，具体期限可通过法律规定以及劳动者的实际工作年限和在该单位的工作年限确定。

在上面的案例中，甲的实际工作年限为十年以上不满十五年，甲在C公司的工作年限为四年以上不满五年。根据《企业职工患病或非因工负伤医疗期规定》可知，甲的医疗期为六个月。截至2022年5月15日，甲只休息了两个月，此时甲依然享有四个月的医疗期，用人单位虽明确规定了最长两个月的医疗期，但考虑到甲的实际情况以及国家保护劳动者权益的立法宗旨，用人单位的规章制度不能违背立法规定，C公司在医疗期内与甲解除劳动合同的，属于违法解除劳动合同。

此外，《劳动合同法》第四十八条规定："用人单位违反本法规定解除或者终止劳动合同，劳动者要求继续履行劳动合同的，用人单位应当继续履行；劳动者不要求继续履行劳动合同或者劳动合同已经不能继续履行的，用人单位应当依照本法第八十七条规定支付赔偿金。"甲并未要求恢复与C公司的劳动关系，只是要求C公司向自己支付赔偿金，所以C公司违法解除与甲之间的劳动合同后，还需要依据《劳动合同法》第八十七条的规定向甲支付违法解除合同赔偿金。该案例告诉我们，用人单位应谨慎行使合同解除权，在劳动者医疗期内与劳动者解除劳动合同的，可能会使用人单位面临更多的责任和义务。

法律依据

《中华人民共和国劳动合同法》

第四十二条　劳动者有下列情形之一的，用人单位不得依照本法第四十条、第四十一条的规定解除劳动合同：

……

（三）患病或者非因工负伤，在规定的医疗期内的；

……

第四十八条　用人单位违反本法规定解除或者终止劳动合同，劳动者要求继续履行劳动合同的，用人单位应当继续履行；劳动者不要求继续履行劳动合同或者劳动合同已经不能继续履行的，用人单位应当依照本法第八十七条规定支付赔偿金。

《企业职工患病或非因工负伤医疗期规定》

第二条　医疗期是指企业职工因患病或非因工负伤停止工作治病休

息不得解除劳动合同的时限。

第三条 企业职工因患病或非因工负伤，需要停止工作医疗时，根据本人实际参加工作年限和在本单位工作年限，给予三个月到二十四个月的医疗期：

（一）实际工作年限十年以下的，在本单位工作年限五年以下的为三个月；五年以上的为六个月。

（二）实际工作年限十年以上的，在本单位工作年限五年以下的为六个月；五年以上十年以下的为九个月；十年以上十五年以下的为十二个月；十五年以上二十年以下的为十八个月；二十年以上的为二十四个月。

风险预警

（1）用人单位应谨慎行使合同解除权。

（2）用人单位应根据立法规定和劳动者的工作年限确定劳动者的医疗期，在医疗期内尽量不与劳动者解除劳动合同。

（3）用人单位在劳动者医疗期内与劳动者解除劳动合同的，用人单位将面临诉讼和赔偿风险。

（4）用人单位适用的本单位的请假制度不得与法律规定的医疗期相抵触，否则该制度会因违反法律禁止性规定而归于无效。

12. 经济性裁员中，裁除应当优先留用的劳动者的，有什么风险？

经济性裁员是法律赋予企业自救的权利，也是企业单方面解除劳动合同的一项法定事由。经济性裁员是一把"双刃剑"，操作不当，不仅会损害劳动者的权益，也会严重影响到用人单位的利益。为避免用人单位滥用合同解除权，《劳动合同法》规定了经济性裁员应满足的实质性条件和程序性条件，亦规定了经济性裁员时应优先留用的情形，企业在不得已进行经济性裁员时，一定要审慎为之。

风险案例

▶ 经济性裁员中，用人单位因裁除应当优先留用的劳动者而被要求恢复劳动关系

2017年，小白入职A公司，任职财务助理。A公司与小白协商一致，签订了无固定期限劳动合同。2020年、2021年，A公司连续两年亏损，负债高于资产总额8000多万元，资产负债率高达435%，上述情形有第三方会计师事务所出具的审计报告证明。2022年1月28日，A公司只能以生产经营状况发生严重困难为由，进行经济性裁员。A公司听取了工会意见，也在当地劳动行政部门履行了备案手续。履行完所有前期程序后，A公司开始裁员，决定留用12名职工，裁除包括小白在内的23名职工。小白在没有办理离职手续，也没有领取经济补偿金的情形下离开了A公司。A公司于2月5日开始，停发了小白的工资以及其他各项待遇。2月10日，A公司却收到了当地劳动仲裁委员会的通知，原来小

白申请了劳动仲裁,主张自己与A公司签订的是无固定期限劳动合同,属于经济性裁员中应优先留用的人员,A公司不能裁除自己,要求劳动仲裁委员会认定A公司与自己解除劳动合同的行为属于违法解除劳动合同,立即恢复双方劳动关系。A公司辩称:"公司留用的12名职工中,有4名与本单位签订的是固定期限劳动合同,有8名与本单位签订的是无固定期限劳动合同,这12名职工的专业技术水平都高于小白,优先留用是同等条件下的优先留用,裁除小白的行为不属于违法行为。"仲裁过程中,A公司未提交证据证明留用职工的工作水平或技术水平高于小白。

那么,小白的说法有法律依据吗?经济性裁员中,用人单位裁除应当优先留用的劳动者的,将面临怎样的法律风险?

案例解析

小白的说法有法律依据。根据我国《劳动合同法》第四十一条的规定,与用人单位签订无固定期限劳动合同的人员属于经济性裁员中应优先留用的人员。虽然优先留用人员并不等于必须留用人员,但同等条件下企业应优先留用符合优先留用条件的人员。

在上面的案例中,小白与A公司签订了无固定期限劳动合同,其属于经济性裁员时应优先留用的人员。A公司虽主张留用人员的工作水平、技术水平高于小白,但并未举证证明其主张,因此,A公司裁除小白的行为与《劳动合同法》第四十一条规定的内容相违背,其行为属于违法解除劳动合同。

此外,我国《劳动合同法》第四十八条规定:"用人单位违反本法规定解除或者终止劳动合同，劳动者要求继续履行劳动合同的，用人单位应当继续履行；劳动者不要求继续履行劳动合同或者劳动合同已经不能继续履行的，用人单位应当依照本法第八十七条规定支付赔偿金。"本案中，小白要求A公司继续履行与自己的劳动合同，所以A公司与小白之间的劳动关系应恢复。如果小白不主张恢复与A公司之间的劳动合同，其也可以要求用人单位支付经济赔偿金。用人单位只能按照法律规定和劳动仲裁委员会的裁决，依法履行自己的义务，继续留用小白在公司任职。

法律依据

《中华人民共和国劳动合同法》

第四十一条第二款 裁减人员时，应当优先留用下列人员：

……

（二）与本单位订立无固定期限劳动合同的；

……

第四十八条 用人单位违反本法规定解除或者终止劳动合同，劳动者要求继续履行劳动合同的，用人单位应当继续履行；劳动者不要求继续履行劳动合同或者劳动合同已经不能继续履行的，用人单位应当依照本法第八十七条规定支付赔偿金。

风险预警

（1）经济性裁员应满足实质条件和形式条件。

（2）经济性裁员时，同等条件下，企业应优先留用符合优先留用条件的职工。

（3）用人单位进行经济性裁员时，应有证据证明裁除的符合优先留用条件的职工能力或技术水平相对较低。

（4）随意裁除应优先留用的人员，即使经济性裁员符合条件，也可能会使用人单位面临法律诉讼和经济索赔。

13. 按照"末位淘汰制"解聘员工的，有什么风险？

"末位淘汰制"是绩效考核中常见的一种制度。在实行该制度时，用人单位会结合实际情况制定相应的工作目标，并设定一定的考核指标体系，最后根据考核的结果对得分靠后的员工进行淘汰。从积极方面来看，"末位淘汰制"可以激励员工产生斗志，精简机构组成人员，提高企业的竞争力，但是该制度如果操作不好，可能存在法律风险。

风险案例

▶ **企业使用"末位淘汰制"解聘员工是违法行为**

周某是某房地产中介公司的一名房产业务员。周某自2022年1月入职，与房产公司签订了为期两年的劳动合同，合同约定工资为底薪加提成，底薪2000元，按月支付。2022年6月，总经理在开全员动员会时提出，为了激励员工出业绩，公司要实行末位淘汰制度，所有业务员都适用该制度，谁在季度业绩评比中成绩最差，就会被解除劳动合同。在实行"末位淘汰制"的第一个季度后，周某就"中枪"了，周某因未签任何单而在业绩榜上排名最末。很快，周某便收到了解雇通知。周某认为公司的末位淘汰规定本身对劳动者就是不公平的，准备通过法律手段来讨回公道。

那么，公司按照内部末位淘汰制度开除员工合法吗？存在什么法律风险？

案例解析

公司依据内部规定制定"末位淘汰制"，单方与业绩不好的劳动者解除劳动合同是违法的。我国《劳动法》在第三十九条明确规定了用人单位可以单方解除劳动合同的几种情形，依据"末位淘汰制"解除劳动合同的情况不在其列。

在上面的案例中，房产公司依据"末位淘汰制"与周某解除劳动合同，是不合法的。周某可以依据《劳动合同法》第八十七条的规定，要求公司依照经济补偿标准的二倍向其支付赔偿金。

对于企业来说，能力不足的员工确实是一块心病。对于如何解决这个问题，企业不能采用诸如"末位淘汰制"这样"一刀切"的做法，要在法律规定的范围内做事。我国《劳动合同法》第四十条规定了用人单位通过提前通知可解除劳动合同的情形，其中第二项为"劳动者不能胜任工作，经过培训或者调整工作岗位，仍不能胜任工作的"。也就是说，对于能力不足的员工，企业应该首先对其进行培训或者为其调岗，如果其还不能胜任，就可以依法与其解除劳动合同。在这种情况下，企业无须支付赔偿金或者补偿金，只需要提前三十日以书面形式通知劳动者或者额外支付劳动者一个月工资即可。

此外，对于"末位淘汰制"，在具体理解上，并非仅指解除劳动合同，还可以理解为降职、免职、降级、调整工作岗位、待岗培训等多种形式。也就是说，对于企业来讲，在实行"末位淘汰制"时，其可以通过与劳动者协商一致，采用书面形式，变更劳动合同约定的内容，如为劳动者调整工作岗位或者降级、降薪等。当然，也可以在劳动者入职签订劳动合同时，就将"末位淘汰制"的处理机制写入劳动合同的内容里。如此，用人单位就不必与劳动者解除劳动合同，也能充分发挥"末位淘汰制"的作用。

法律依据

《中华人民共和国劳动合同法》

第三十九条　劳动者有下列情形之一的，用人单位可以解除劳动合同：

（一）在试用期间被证明不符合录用条件的；

（二）严重违反用人单位的规章制度的；

（三）严重失职，营私舞弊，给用人单位造成重大损害的；

（四）劳动者同时与其他用人单位建立劳动关系，对完成本单位的工作任务造成严重影响，或者经用人单位提出，拒不改正的；

（五）因本法第二十六条第一款第一项规定的情形致使劳动合同无效的；

（六）被依法追究刑事责任的。

第四十条 有下列情形之一的，用人单位提前三十日以书面形式通知劳动者本人或者额外支付劳动者一个月工资后，可以解除劳动合同：

（一）劳动者患病或者非因工负伤，在规定的医疗期满后不能从事原工作，也不能从事由用人单位另行安排的工作的；

（二）劳动者不能胜任工作，经过培训或者调整工作岗位，仍不能胜任工作的；

（三）劳动合同订立时所依据的客观情况发生重大变化，致使劳动合同无法履行，经用人单位与劳动者协商，未能就变更劳动合同内容达成协议的。

第四十七条第一款 经济补偿按劳动者在本单位工作的年限，每满一年支付一个月工资的标准向劳动者支付。六个月以上不满一年的，按一年计算；不满六个月的，向劳动者支付半个月工资的经济补偿。

第八十七条 用人单位违反本法规定解除或者终止劳动合同的，应当依照本法第四十七条规定的经济补偿标准的二倍向劳动者支付赔偿金。

风险预警

（1）《劳动合同法》全面列举了用人单位单方直接解除劳动合同的情形。除法律规定的情况外，用人单位均不可单方解除劳动合同。

（2）"末位淘汰制"虽然在某种程度上可以激励员工，但在解除劳动合同方面却是违法行为。

（3）用人单位须正确评价劳动者是"不能胜任工作而处于末位"，还是"能胜任工作而处于末位"，对于"不能胜任工作而处于末位"的，用人单位须先对其进行培训或调岗，仍不能胜任的，才可以与之解除劳动合同。

14. 用人单位单方与职业病患者解除劳动合同的，有什么风险？

职业病是指企业、事业单位和个体经济组织等用人单位的劳动者在职业活动中，因接触粉尘、放射性物质和其他有毒、有害物质等因素而引起的疾病。劳动者罹患职业病，并经法定程序被认定为职业病的，在治疗休息期间，以及确定为伤残或治疗无效而死亡时，按照国家有关规定，享受工伤保险待遇或职业病待遇。对于企业来说，在有工伤保险基金作为保障的情况下，解除与职业病患者的劳动合同是不符合利益最大化原则的，可能要承担更大的经济损失。

风险案例

▶公司与身患"尘肺"的煤炭装卸工单方解除劳动合同，赔偿多月工资

赵某是某贸易公司的装卸工，常年负责装卸货物。近些年，贸易公司主要从事的是煤炭运输业务，赵某每天都在做装卸煤炭、打扫煤炭的工作。日复一日，年复一年，赵某总是感觉喘不上气，并伴有咳嗽的症状。

起初，赵某没有当回事，后来症状越来越严重，最后在家人的陪伴下，赵某去医院做了检查。经诊断，赵某患了一种病，叫尘肺病。赵某想到自己在满是煤炭粉尘的环境下工作了多年，自己的病一定与这脱不了关系。后来经职业病机构鉴定，其患职业病并丧失部分劳动能力。赵某与贸易公司进行沟通，请求休假养病，获得批准。不久后，贸易公司提出，现在很缺人手，如果赵某无法上班就要与其解除劳动合同，另聘职工。

那么，贸易公司解除与赵某的劳动合同，有什么法律风险？

案例解析

根据我国《劳动法》第二十九条的规定和《劳动合同法》第四十二条的规定，劳动者在用人单位因工作原因患职业病的，用人单位不得与其解除劳动关系。如果用人单位违法解除劳动合同，就要承担赔偿责任，支付劳动者二倍于经济补偿金的赔偿金。

在上面的案例中，在赵某被确诊为职业病尘肺病并丧失部分劳动能力的情况下，贸易公司不得单方与赵某解除劳动合同。如果贸易公司执意要解雇赵某，就要按照《劳动合同法》第八十七条的规定，以经济补偿标准的二倍向赵某支付赔偿金。

根据《劳动合同法》第四十七条的规定，经济补偿按劳动者在本单位工作的年限，每满一年支付一个月工资的标准向劳动者支付。如果赵某在此工作了八年，赔偿金为经济补偿金的二倍，那么，贸易公司应该支付赵某十六个月的工资作为赔偿金。

法律依据

《中华人民共和国劳动法》

第二十九条 劳动者有下列情形之一的，用人单位不得依据本法第二十六条、第二十七条的规定解除劳动合同：

（一）患职业病或者因工负伤并被确认丧失或者部分丧失劳动能力的；

……

《中华人民共和国劳动合同法》

第四十二条 劳动者有下列情形之一的，用人单位不得依照本法第四十条、第四十一条的规定解除劳动合同：

……

（二）在本单位患职业病或者因工负伤并被确认丧失或者部分丧失劳动能力的；

……

第四十七条第一款 经济补偿按劳动者在本单位工作的年限，每满一年支付一个月工资的标准向劳动者支付。六个月以上不满一年的，按一年计算；不满六个月的，向劳动者支付半个月工资的经济补偿。

第八十七条 用人单位违反本法规定解除或者终止劳动合同的，应当依照本法第四十七条规定的经济补偿标准的二倍向劳动者支付赔偿金。

> **风险预警**
>
> （1）劳动者患职业病后，用人单位不得单方解除劳动合同，否则要支付赔偿金。
>
> （2）企业要给劳动者缴纳工伤保险，以保障劳动者一旦患职业病，能够享受工伤保险待遇，进而减轻企业的负担。

15. 不给离职的劳动者开具相关证明，会有怎样的风险？

劳资双方地位平等、权利义务对等，双方通常都是双向选择，因此聘用与辞职都司空见惯。根据《劳动合同法》的规定，劳动者解除劳动合同，应当提前三十日通知用人单位。在试用期内的，劳动者可以随时解除劳动合同。也就是说，劳动者辞职自由、自愿，用人单位应当积极配合，协调办理离职手续，并开具相关证明文件。但在实践中，用人单位由于无法及时补上岗位空缺等原因，常常会拒绝为劳动者开具相关证明文件，这就会埋下劳动纠纷的隐患。

风险案例

▶ 企业拒为劳动者出具解除劳动关系证明而惹纠纷

2022年3月1日，张某找到一份担任某汽车公司高级顾问的工作，月薪1.2万元。在办理该汽车公司的入职手续时，却遇到了麻烦。原来，张某曾是 B 钢铁公司的高级工程师，由于与公司的经营理念不合，张某于同年 1 月 5 日提出辞职申请，双方于 2 月 5 日解除了劳动关系，但是 B 钢铁公司一直未为张某出具解除劳动关系的证明。由于张某不能提供与 B 钢铁公司解除劳动关系的证明，导致其暂时不能完成在某汽车公司的入职。在多次与 B 钢铁公司沟通无果后，张某于 8 月 1 日向管辖地的劳动仲裁委员会提起了劳动仲裁，要求 B 钢铁公司为其开具解除劳动关系证明并按照每月 1.2 万元的标准支付五个月的薪酬损失共计 6 万元。B 钢铁公司却辩称，张某当时与公司发生争执，坚持辞职，公司无奈便同意了，之后，张某就没有到过公司，责任不在公司一方。那么，张某申请劳动仲裁的理由成立吗？B 钢铁公司拒绝为张某出具解除劳动关系证明，将面临哪些风险呢？

案例解析

B 钢铁公司的行为已经违反了法律规定，张某的请求会得到劳动仲裁委员会的支持。用人单位在与劳动者解除劳动关系后，拒绝为劳动者出具解除劳动关系证明的行为是违法的，如果给劳动者造成了损害，应当承担相应的赔偿责任。

我国《劳动合同法》第五十条第一款规定："用人单位应当在解除或者终止劳动合同时出具解除或者终止劳动合同的证明，并在十五日内为劳动者办理档案和社会保险关系转移手续。"也就是说，为劳动者提供解除劳动关系证明等相关文件是用人单位的义务。而本案中，B 钢铁公司以各种理由拒绝为张某提供解除劳动关系证明的行为已经违反了《劳动合同法》的相关规定。

那么，如果企业拒绝为劳动者开具解除劳动关系证明，会承担什么样的责任呢？根据《劳动合同法》第八十九条的规定，"用人单位违反本法规定未向劳动者出具解除或者终止劳动合同的书面证明，由劳动行政部门责令改正；给劳动者造成损害的，应当承担赔偿责任"。本案中，张某在找到新工作后，由于B钢铁公司拒绝给张某开具解除劳动关系证明，致使其五个月都未能完成新公司的入职手续，遭受了巨大经济损失。因此，关于张某要求B钢铁公司按每月1.2万元的标准支付赔偿金至B钢铁公司开具离职证明之日的请求应该得到支持。除此之外，由于纠纷产生后用人单位势必会投入人力、物力处理，除了赔偿劳动者的损失外，还会给用人单位带来一定的资源浪费，同时又会给用人单位的声誉造成影响。

法律依据

《中华人民共和国劳动合同法》

第五十条第一款 用人单位应当在解除或者终止劳动合同时出具解除或者终止劳动合同的证明，并在十五日内为劳动者办理档案和社会保险关系转移手续。

第八十九条 用人单位违反本法规定未向劳动者出具解除或者终止劳动合同的书面证明，由劳动行政部门责令改正；给劳动者造成损害的，应当承担赔偿责任。

风险预警

（1）用人单位在解除或者终止劳动合同时，应该为劳动者提供解除或者终止劳动合同的证明。

（2）用人单位未向劳动者出具解除或者终止劳动合同的书面证明，给劳动者造成损害的，用人单位需承担相应的赔偿责任。

第3章

试用期、服务期规定与操作中的风险

16. 弹性约定试用期工资，会有怎样的风险？

实践中，很多用人单位考虑到新员工刚入职，对业务不熟悉，为了检验新员工是否能够胜任相应工作，便设立试用期制度。而对于劳动者而言，试用期制度也能够使其考虑该份工作是否适合自己。因此，设立试用期对于劳动者和用人单位来说，都是一种非常稳妥的做法，也是双方对彼此负责任的一种体现。我国法律规定用人单位可以对试用期员工设立低于正式员工的待遇，但是也明确规定了用人单位要保障试用期员工的合法权益。如果随意约定试用期员工的工资，很可能会给企业带来不利的影响。

风险案例

▶ 公司因不满意员工表现而随意将试用期工资设定为基本工资的一半

甲市某房地产公司售楼部招聘前台一名，夏某应聘成功。双方协议约定试用期为两个月，试用期间工资根据夏某工作表现来定，转正之后工资为3000元。入职后第一个月，夏某顺利完成了自己的本职工作，拿到工资2500元。第二个月月末，顾客王某因房子质量问题来到前台投诉，与夏某发生口角，造成群众围观。该事件对售楼部产生了极为不良的影响。夏某受到了经理的严厉批评，并被告知自己试用期未达到要求，发生不良事件，对公司造成严重损失，不仅被取消转正资格，且试用期工资被降低至1500元。夏某很是气愤，认为该事件并不能完全归责于自己，决定讨一个说法。

那么，该房地产公司将夏某的试用期中第二个月的工资定为基本工资的一半，该行为是否合法？会面临怎样的法律风险？

案例解析

试用期制度在我国的企业中普遍适用，试用期员工相比正式员工而言，在薪资、福利待遇、工作安排等各方面都有一定差距。在薪资待遇方面，试用期员工的工资可以低于正式员工的工资，但是"低多少"是有一个度的。根据我国《劳动合同法》第二十条的规定，劳动者在试用期的工资不得低于本单位相同岗位最低档工资或者劳动合同约定工资的80%，并不得低于用人单位所在地的最低工资标准。

本案中，该房地产公司售楼部与夏某约定试用期为两个月，试用期间工资根据夏某工作表现来定，转正之后工资为3000元。其中，"试用期间工资根据夏某工作表现来定"是一条很随意、很弹性的规定，严格来讲，该规定是不符合法律规定的。如果夏某实发到手的工资低于2400元，或者低于其所在地区的最低工资标准，都是违法的。在夏某试用期的第二个月中，房地产公司将夏某的试用期工资降低为1500元，明显不符合法律规定。如果房地产公司对夏某的表现不满意，认为其不适合做前台业务，可以将其辞退，但不应该克扣试用期工资。房地产公司应在录用夏某的时候，就先将试用期的工资约定清楚，而不应该作弹性约定。如果夏某不服，因第二个月工资的事情而提起劳动仲裁等，该房地产公司将陷于纠纷之中，并承担相应的法律责任。

法律依据

《中华人民共和国劳动合同法》

第二十条　劳动者在试用期的工资不得低于本单位相同岗位最低档工资或者劳动合同约定工资的百分之八十，并不得低于用人单位所在地的最低工资标准。

第八十三条　用人单位违反本法规定与劳动者约定试用期的，由劳动行政部门责令改正；违法约定的试用期已经履行的，由用人单位以劳动者试用期满月工资为标准，按已经履行的超过法定试用期的期间向劳动者支付赔偿金。

风险预警

（1）用人单位制定的试用期员工的工资数额应当符合法律规定，不得随意制定。

（2）弹性的试用期工资约定很可能会造成实发工资低于法律规定的试用期工资红线。

17. 用人单位不顾劳动合同的期限，随意确定试用期长短的，会有怎样的风险？

我国现行法律对劳动者的试用期制度有严格的规定，用人单位应当根据与劳动者签订的劳动合同的期限，在合法范围内设定合理的试用期，用人单位不能随意设定试用期长短。此种规定对劳动者合法权益提供了有力保障，同时也为用人单位在制定试用期制度时设置了相应的限制。实践中，由于很多用人单位不了解这方面的法律知识，导致经常出现设定试用期期限不合法的现象。

风险案例

▶ **公司与员工签订两年劳动合同时规定了三个月试用期违反法律规定**

甲市某精密仪器公司打算招聘一名仓库管理员，并在网上发布了招聘广告。老张经电话沟通后到该公司面试。经过面试，公司决定录用老张。双方协商之后，签订了为期两年的劳动合同，并约定试用期为三个月，试用期间若无不良表现，则可转为正式员工，转正后工资为4000元，试用期工资为3200元。老张试用期满后，恰逢其学法律的儿子小张放寒假回家。小张得知父亲换了新工作，便问及工作详情，得知父亲试用期为三个月之后，便告知父亲，公司这样做是不合法的，应该向公司要求赔偿。

那么，小张的说法是否正确？该公司将面临怎样的法律风险？

案例解析

很多用人单位在与劳动者约定试用期时间时，往往会忽视法律的相关规定。随着国家普法力度的加强，劳动者的法律意识也日益提高，在权利受到侵害时，越来越多的劳动者选择用法律武器维护自身合法权益。因此，一旦用人单位制定了不合法的试用期限，将面临极大的法律风险。我国法律对于劳动者试用期期限有明确规定，《劳动法》第二十一条规定："劳动合同可以约定试用期。试用期最长不得超过六个月。"《劳动合同法》第十九条对此作出更加明确、详尽的规定，即"劳动合同期限三个月以上不满一年的，试用期不得超过一个月；劳动合同期限一年以上不满三年的，试用期不得超过二个月；三年以上固定期限和无固定期限的劳动合同，试用期不得超过六个月"。本案中，该精密仪器公司与老张签订的劳动合同为期两年，按照法律规定，试用期不得超过二个月。本案中老张的试用期为三个月，违反了法律规定。

根据《劳动合同法》第八十三条的规定，用人单位违反本法规定与劳动者约定试用期的，由劳动行政部门责令改正；违法约定的试用期已经履行的，由用人单位以劳动者试用期满月工资为标准，按已经履行的超过法定试用期的期间向劳动者支付赔偿金。本案中，老张已经完成了三个月试用期的工作，那么公司要按转正后的工资水平向老张发放第三个月的工资，即第三个月发4000元，并且支付一个月的赔偿金4000元。这样一来，公司相比于依法约定试用期，损失了4000元的赔偿金。

法律依据

《中华人民共和国劳动合同法》

第十九条第一款　劳动合同期限三个月以上不满一年的，试用期不得超过一个月；劳动合同期限一年以上不满三年的，试用期不得超过二个月；三年以上固定期限和无固定期限的劳动合同，试用期不得超过六个月。

第八十三条　用人单位违反本法规定与劳动者约定试用期的，由劳动行政部门责令改正；违法约定的试用期已经履行的，由用人单位以劳动者试用期满月工资为标准，按已经履行的超过法定试用期的期间向劳动者支付赔偿金。

《中华人民共和国劳动法》

第二十一条　劳动合同可以约定试用期。试用期最长不得超过六个月。

> **风险预警**
>
> （1）用人单位要根据法律规定，按照劳动合同时间的长短来确定试用期期限。
> （2）超过法定试用期的期间，如果劳动者已经履行的，用人单位需要向劳动者支付试用期满后的正常工资，并支付赔偿金。

18. 用人单位与刚入职的员工仅签订试用期合同而不签订劳动合同，会有怎样的风险？

劳动者入职后，用人单位应及时与其签订劳动合同，这既是对劳动者合法权益的保障，也是对企业自身负责的体现。那么，对于试用期员工，用人单位是否需要额外与其签订试用期合同呢？用人单位是否能够只与其签订试用期合同呢？《劳动合同法》第十九条第四款规定，"试用期包含在劳动合同期限内。劳动合同仅约定试用期的，试用期不成立，该期限为劳动合同期限"。由此可知，用人单位与刚入职的劳动者仅签订试用期合同而不签订劳动合同的做法是错误的。那么，用人单位为此要面临哪些法律风险呢？

风险案例

▶ 公司与员工仅签订试用期合同而不签订劳动合同引起纠纷

某焦化公司计划招聘一名安监员。史某应聘后，公司担心史某无法完全胜任本工作，便未与史某签订劳动合同，只签订了试用期合同，约定试用期为一个月，试用期满后再由公司决定是否正式录用史某。由于史某业务精湛、品行端正、工作态度十分认真，试用期满后，该焦化公司决定为史某办理转正手续，并与其签订了为期两年的劳动合同。两年后，劳动合同期满，双方均表示愿意续约。这时，史某提出，按照法律规定，公司应当与之签订无固定期限的劳动合同。公司认为其在无理取闹，予以拒绝。

那么，史某的说法是否有法律依据？公司将面临怎样的法律风险？

案例解析

史某的说法是有法律依据的。根据我国《劳动合同法》第十九条第四款的规定，试用期包含在劳动合同期限内。劳动合同仅约定试用期的，试用期不成立，该期限为劳动合同期限。即法律不允许设立单独的试用期合同，一旦签订试用期合同即视为正式的劳动合同。

本案中，焦化公司与史某为期一个月的试用期合同在法律上会被认定为为期一个月的劳动合同。一个月后，劳动合同终止，双方又订立了为期两年的劳动合同。此时，劳动合同期满后，劳动者是否有权提出签订无固定期限劳动合同呢？

无固定期限劳动合同是指用人单位与劳动者约定无确定终止时间的

劳动合同。根据《劳动合同法》第十四条的规定，连续订立二次固定期限劳动合同，且劳动者没有该法第三十九条和第四十条第一项、第二项规定的情形，续订劳动合同的，除非劳动者提出签订固定期限的劳动合同，否则应签订无固定期限的劳动合同。

显而易见，在上面的案例中，史某是愿意签订无固定期限劳动合同的，已经与焦化公司签订了两次固定期限劳动合同，且不存在法律规定的排除情形，因此，符合签订无固定期限劳动合同的条件。在这种情形下，焦化公司应当与其签订无固定期限的劳动合同，否则就违反了《劳动合同法》的规定。并且，一旦签订无固定期限劳动合同，用人单位就失去了因劳动合同到期而与劳动者解除劳动关系的机会。而合同到期又是用人单位与劳动者解除劳动关系最安全的方式。总而言之，用人单位没有必要单独签订试用期合同，否则会给自己增加不必要的麻烦。

法律依据

《中华人民共和国劳动合同法》

第十四条第一款、第二款 无固定期限劳动合同，是指用人单位与劳动者约定无确定终止时间的劳动合同。

用人单位与劳动者协商一致，可以订立无固定期限劳动合同。有下列情形之一，劳动者提出或者同意续订、订立劳动合同的，除劳动者提出订立固定期限劳动合同外，应当订立无固定期限劳动合同：

......

（三）连续订立二次固定期限劳动合同，且劳动者没有本法第三十九条和第四十条第一项、第二项规定的情形，续订劳动合同的。

第十九条第四款 试用期包含在劳动合同期限内。劳动合同仅约定试用期的，试用期不成立，该期限为劳动合同期限。

> **风险预警**
>
> （1）用人单位若只与劳动者签订试用期合同，则视为固定期限劳动合同。
> （2）如果试用期结束后再签订正式的劳动合同，就意味着同一用人单位与同一劳动者连续两次签订了有固定期限的劳动合同。
> （3）两次劳动合同期满后，双方再续约时，除非劳动者不愿意签订无固定期限的劳动合同，否则公司只能与员工签订无固定期限的劳动合同。

19. 用人单位约定的服务期期限大于劳动合同的期限，会面临怎样的风险？

服务期期限是指用人单位出资对劳动者进行专业培训后，约定劳动者必须在该用人单位服务的年限。实践中，服务期期限与劳动合同期限并不一定完全重合，可能存在交叉现象，即服务期期限小于或者大于劳动合同期限。当服务期期限小于劳动合同期限时，服务期期限被劳动合同期限吸收；而当服务期期限大于劳动合同期限时，则可能会发生纠纷，如劳动者以劳动合同到期终止为由拒绝履行剩余的服务期，给企业造成经济损失甚至诉累。因此，企业在与劳动者签订服务期协议或者服务期条款时，应当注意明确，若服务期期限大于劳动合同期限，劳动合同到期后不终止，自动顺延至服务期期满，以减少因此造成的纠纷。

风险案例

▶公司因与员工签订的服务协议期限大于劳动合同期限而陷入纠纷

某市甲公司为一家新兴互联网公司。为了促进公司发展、在行业中尽快站稳脚跟，甲公司以丰厚的条件引进人才，招聘了多名名校硕士毕业生，林某就是其中之一，双方签订了为期两年的劳动合同。经过半年的工作，林某表现出色，获得了由公司出资出国培训一年的机会。林某出国前，公司与其签订了一份服务协议，约定在培训结束后，林某须在甲公司工作满八年，否则应当向甲公司支付违约金6万元。林某培训期满回国后，又在甲公司工作了半年。眼看双方劳动合同到期，甲公司要求续签劳动合同却被林某拒绝，林某同时拒绝按照服务协议的约定支付违约金。林某认为双方劳动合同已经到期，自己未要求续签，劳动合同应终止，其不再受该合同的约束，虽然双方签订了服务协议，但是该服务协议的效力低于劳动合同，因此在劳动合同期满后不应再支付违约金。

林某的说法是否有法律依据？服务期期限大于劳动合同期限将给用人单位带来怎样的麻烦？

第3章 试用期、服务期规定与操作中的风险

> 案例解析

林某的说法是没有法律依据的。实践中，用人单位出资给劳动者提供专门培训时，通常会签订服务期协议或者直接在劳动合同中签订服务期条款，约定劳动者在公司服务的年限，以期公司能收回人才培养投资。但很多用人单位往往没有注意到服务期协议与劳动合同之间的关系，经常会出现服务期期限与劳动合同期限不一致的情形，进而引发纠纷。在劳动合同期限内，劳动者可以根据法律规定依法解除劳动合同，但若此时服务期期限还尚未期满，则会给用人单位造成损失。为了保障用人单位的合法权益，我国《劳动合同法》第二十二条规定，"用人单位为劳动者提供专项培训费用，对其进行专业技术培训的，可以与该劳动者订立协议，约定服务期。劳动者违反服务期约定的，应当按照约定向用人单位支付违约金"。同时，《劳动合同法实施条例》第十七条规定："劳动合同期满，但是用人单位与劳动者依照劳动合同法第二十二条的规定约定的服务期尚未到期的，劳动合同应当续延至服务期满；双方另有约定的，从其约定。"也就是说，在上述案例中，林某的说法是不成立的，劳动合同期满后，其应当按照该条文的规定将劳动合同续延至服务期满，或者向甲公司支付违约金。

虽然法律对于这种情形有明确的规定，但是实践中由此引发的纠纷屡见不鲜，给用人单位带来许多不必要的麻烦。因此，为了避免这种纠纷的发生，用人单位在与劳动者签订服务期协议或者在劳动合同中约定服务期条款时，应当明确服务期期限与劳动合同期限不一致的，如服务期期限大于劳动合同期限，则在劳动合同到期后不终止合同，而是自动顺延至服务期期满。提前设定该条款可以给劳动者以警醒，给用人单位以保护，避免后续纠纷给双方造成诉累。

法律依据

《中华人民共和国劳动合同法》

第二十二条 用人单位为劳动者提供专项培训费用，对其进行专业技术培训的，可以与该劳动者订立协议，约定服务期。

劳动者违反服务期约定的，应当按照约定向用人单位支付违约金。违约金的数额不得超过用人单位提供的培训费用。用人单位要求劳动者支付的违约金不得超过服务期尚未履行部分所应分摊的培训费用。

用人单位与劳动者约定服务期的，不影响按照正常的工资调整机制提高劳动者在服务期期间的劳动报酬。

《中华人民共和国劳动合同法实施条例》

第十七条 劳动合同期满，但是用人单位与劳动者依照劳动合同法第二十二条的规定约定的服务期尚未到期的，劳动合同应当续延至服务期满；双方另有约定的，从其约定。

风险预警

（1）用人单位出资给劳动者进行专业培训时，可以签订服务协议或者服务条款，约定劳动者服务年限及违约金。

（2）若服务期期限大于劳动合同期限，劳动合同到期后应当续延至服务期满。为减少纠纷发生，双方在签订服务协议或服务条款时，可将此条加入服务协议或服务条款中。

20. 服务期合同中违约金条款约定不明，会给企业带来什么风险？

在服务期合同中，为了保障用人单位的资金投入及合法权益，可以与劳动者约定违约金条款，即劳动者违反协议将向用人单位支付一定数额的违约金。因此，在服务期合同或服务期条款中，用人单位最好对违约金进行明确约定，若未约定违约金或者约定不明，则可能影响用人单位的利益，若发生纠纷，可能百口莫辩，无法向劳动者主张违约金。

风险案例

▶ 公司因服务期条款中的违约金条款约定不明无法向劳动者主张违约金

A公司为某地一家小有名气的教育培训机构。为了提升品牌影响力，A公司每年出资为新入职员工提供专业培训机会，这吸引了贾某前来求职。贾某从2019年7月开始在A公司任职，双方签订了为期五年的劳动合同，并在劳动合同中附加了服务期条款，约定A公司为贾某提供专业技能培训机会，贾某须在A公司任职满五年，否则后果自负。2022年5月，贾某以父母年迈需要照顾为由向A公司提交辞职申请。A公司表示贾某服务期尚未期满，若贾某执意辞职应当向A公司支付培训费用作为违约金。贾某称双方的劳动合同中仅约定了"后果自负"，并未明确要求员工辞职时返还培训费用，拒绝向A公司支付违约金。

A公司是否有权向贾某主张违约金？若违约金约定明确，则A公司可以主张的违约金金额为多少？

案例解析

A公司向贾某主张违约金缺乏依据。我国《劳动合同法》第二十二条规定，"用人单位为劳动者提供专项培训费用，对其进行专业技术培训的，可以与该劳动者订立协议，约定服务期。劳动者违反服务期约定的，应当按照约定向用人单位支付违约金"。这里的服务期与违约金是以双方约定为前提的，并非强制性规定。上述案例中，A公司与贾某的劳动合同中虽然约定了服务期，但是对于违约责任没有进行明确约定，事后双方又未达成补充协议或者补充条款，因此，A公司向贾某主张违约金也就缺乏合同依据。

若双方对违约金进行了明确约定，那A公司就一定能按照约定的数额获得违约金吗？《劳动合同法》第二十二条同时规定，"违约金的数额不得超过用人单位提供的培训费用。用人单位要求劳动者支付的违约金不得超过服务期尚未履行部分所应分摊的培训费用"。因此违约金数额是以A公司提供的培训费用数额为基础的，假设培训费用为5万元，贾某的服务期限为五年，贾某已经任职满三年，尚未履行的服务期为两年，因此A公司要求贾某支付的违约金不得超过2万元。

在实践中，培训费用的具体数额需要用人单位举证证明。《劳动合同法实施条例》第十六条规定："劳动合同法第二十二条第二款规定的培训费用，包括用人单位为了对劳动者进行专业技术培训而支付的有凭证的培训费用、培训期间的差旅费用以及因培训产生的用于该劳动者的其他直接费用。"因此，用人单位必须保留相关票据，在发生纠纷时能够举证证明其支付的具体培训相关费用，否则可能会承担不利后果。

> 法律依据

《中华人民共和国劳动合同法》

第二十二条　用人单位为劳动者提供专项培训费用，对其进行专业技术培训的，可以与该劳动者订立协议，约定服务期。

劳动者违反服务期约定的，应当按照约定向用人单位支付违约金。违约金的数额不得超过用人单位提供的培训费用。用人单位要求劳动者支付的违约金不得超过服务期尚未履行部分所应分摊的培训费用。

用人单位与劳动者约定服务期的，不影响按照正常的工资调整机制提高劳动者在服务期期间的劳动报酬。

《中华人民共和国劳动合同法实施条例》

第十六条　劳动合同法第二十二条第二款规定的培训费用，包括用人单位为了对劳动者进行专业技术培训而支付的有凭证的培训费用、培训期间的差旅费用以及因培训产生的用于该劳动者的其他直接费用。

> 风险预警
>
> （1）用人单位与劳动者签订服务期协议或者服务期条款时应当明确约定违约金数额。
> （2）服务期违约金应当以用人单位实际支付的培训相关费用为基础，超过部分无效。
> （3）用人单位一定要保留其支付培训相关费用的票据，在遇到纠纷时用以举证证明。

第4章

工资规定与发放中的风险

21. 不清楚最低工资标准，支付的工资低于最低工资标准的，会有什么风险？

最低工资标准是指劳动者在法定工作时间或依法签订的劳动合同约定的工作时间内，提供了正常劳动的前提下，用人单位应支付的最低劳动报酬。一般不包括加班费、特殊工作环境条件下的津贴和法定福利待遇。不难看出，最低工资标准是对劳动者工资的基本保障，是每一位劳动者在付出辛苦劳动之后所能得到的最低报酬。在实际用工中，用人单位可以根据自己单位的特色制定不同的薪金制度，但是应该首先考虑保证每一位员工的工资都达到当地最低工资标准，这既是对员工负责，也是企业发展合法化、规范化的必要前提。

第4章 工资规定与发放中的风险

风险案例

▶ 服装厂因发放的员工工资低于市最低工资标准而承担赔偿责任

齐某是某市服装厂的缝纫工人，2021年5月入职。该服装厂采用的是计件工资制，一件衣服计薪1.8元，每月末按员工的工作量发放工资。齐某在该服装厂工作半年后，一日与朋友交谈过程中得知，该市2021年最低工资标准为2100元，而齐某工作的六个月中，均正常完成工作任务，但其中有四个月的工资却低于2100元。齐某的朋友告诉他公司这样做侵犯了齐某的合法权益，其应该要求公司按照该年度最低工资标准补足。齐某便向该服装厂说明自己的请求。服装厂表示自己并不清楚2021年度的最低工资标准，支付给齐某的工资是最初在劳动合同中约定好的，是按照齐某的实际工作量发放的工资，并拒绝了齐某要求补足工资的要求。

那么，齐某是否有权要求公司按照该市2021年度最低工资标准补足工资？公司需要承担怎样的法律风险？

案例解析

实践中，很多企业由于采取的是计件工资制、计时工资制等，或者是由于企业自身规模较小，给员工发放的工资高低不等。因此，很多企业往往会忽略最低工资标准这一重要指标，经常出现员工的工资达不到最低工资标准的现象。为了保障员工的合法权益，我国《劳动合同法》第二十条、《最低工资规定》第十二条都作出了非常明确的规定。其中，《劳动合同法》第二十条规定：劳动者在试用期的工资不得低于本单位相同岗位最低档工资或者劳动合同约定工资的80%，并不得低于用人单位所在地的最低工资标准。根据《最低工资规定》第十二条的规定，在劳动者提供正常劳动的情况下，用人单位应支付给劳动者的工资在剔除法定的各项以后，不得低于当地最低工资标准。

本案中，齐某工作了六个月，在提供了正常劳动的前提下，有四个月的工资未达到该市最低工资标准，齐某完全可以采取合法的手段维护自身合法权益，向该服装厂请求补足工资。

按照《劳动合同法》第八十五条的规定，劳动报酬低于当地最低工资标准的，用人单位应当支付劳动者差额部分；逾期不支付的，用人单位按应付金额50%以上100%以下的标准向劳动者加付赔偿金。所以，服装厂应当及时补足齐某四个月的工资，若逾期不支付，还要向齐某加付赔偿金。

此外，应当注意的是，用人单位足额发放劳动者工资的前提，是劳动者提供了正常劳动。如果劳动者存在工作偷懒、偷工减料等行为，则用人单位有权在法律规定的范围内，适当扣除劳动者工资。

法律依据

《中华人民共和国劳动合同法》

第二十条　劳动者在试用期的工资不得低于本单位相同岗位最低档工资或者劳动合同约定工资的百分之八十，并不得低于用人单位所在地的最低工资标准。

第八十五条　用人单位有下列情形之一的，由劳动行政部门责令限期支付劳动报酬、加班费或者经济补偿；劳动报酬低于当地最低工资标准的，应当支付其差额部分；逾期不支付的，责令用人单位按应付金额百分之五十以上百分之一百以下的标准向劳动者加付赔偿金：

……

（二）低于当地最低工资标准支付劳动者工资的；

……

《最低工资规定》

第十二条　在劳动者提供正常劳动的情况下，用人单位应支付给劳动者的工资在剔除下列各项以后，不得低于当地最低工资标准：

（一）延长工作时间工资；

（二）中班、夜班、高温、低温、井下、有毒有害等特殊工作环境、条件下的津贴；

（三）法律、法规和国家规定的劳动者福利待遇等。

实行计件工资或提成工资等工资形式的用人单位，在科学合理的劳动定额基础上，其支付劳动者的工资不得低于相应的最低工资标准。

劳动者由于本人原因造成在法定工作时间内或依法签订的劳动合同约定的工作时间内未提供正常劳动的，不适用于本条规定。

风险预警

（1）用人单位给试用期员工发放工资，不得低于本单位相同岗位最低档工资或者劳动合同约定工资的80%，并不得低于用人单位所在地的最低工资标准。

（2）用人单位在制定薪资制度时，切勿忽视最低工资标准这一红线。

22. 疫情期间，因停工停发劳动者工资的，有哪些风险？

疫情期间，员工可能会因为疫情面临被隔离、出行限制等各种情况，无法正常参与到工作中。为了保护劳动者的合法权益，维护疫情期间劳资关系的稳定，我国及时出台了各种部门规章、相关通知等文件，以期降低疫情对用人单位和劳动者所产生的一系列不利影响。对于用人单位来讲，在疫情期间，不仅要遵守法律，还要及时了解各种相关政策规定，切勿做出违法违规之事。

风险案例

▶ 物流公司因停发员工隔离期间工资而承担赔偿责任

2020年新冠肺炎疫情开始后，很多公司延迟了春节假期后的复工。Z市某物流公司也不例外，于2020年2月20日才开始复工。小刘是该物流公司的分拣员，本来与公司商定2月3日开始上班，但因疫情未能按时上班。春节期间，小刘一直居住在老家，接到企业复工通知后于2月19日乘车返回Z市区。按照当地政策要求，外来人员进入Z市，都要进行14天隔离后才能外出。在向公司说明情况之后，小刘自2月19日至3月4日一直在住所隔离，直至3月5日开始正常上班。等到3月末发工资时，小刘发现自己的工资只有3月份的，没有2月份的工资，于是向公司反映自己是因为隔离原因不能复工，并不是旷工，并要求公司发放2月份工资。而公司则认为小刘隔离期间并没有参加工作，因此拒绝为其发放2月份工资。

那么，该物流公司的做法是否合法？

第4章 工资规定与发放中的风险

> **案例解析**

本案涉及的是因疫情停工、员工因疫情隔离不能上班的，企业是否还应发放工资的问题。《工资支付暂行规定》第十二条明确规定："非因劳动者原因造成单位停工、停产在一个工资支付周期内的，用人单位应按劳动合同规定的标准支付劳动者工资。超过一个工资支付周期的，若劳动者提供了正常劳动，则支付给劳动者的劳动报酬不得低于当地的最低工资标准；若劳动者没有提供正常劳动，应按国家有关规定办理。"根据《人力资源和社会保障部办公厅关于妥善处理新型冠状病毒感染的肺炎疫情防控期间劳动关系问题的通知》第二条的规定，疫情导致公司生产经营发生困难、停工停产在一个工资支付周期内的，公司应当按劳动合同规定的标准支付职工工资；停工停产超过一个工资支付周期的，如果职工正常提供劳动，公司应当支付给职工的工资不得低于当地最低工资标准，如果职工没有正常提供劳动，企业应当发放生活费。

案例中，物流公司因新冠肺炎疫情停工停产的时间尚未超过一个工资支付周期，应当按照劳动合同的约定将2月份的工资发放给职工。而对于小刘来说，其因被隔离直至3月5日才上班，在2月份并没有上班，那么，公司是否应该向其发放2月份的工资呢？根据《人力资源和社会保障部办公厅关于妥善处理新型冠状病毒感染的肺炎疫情防控期间劳动关系问题的通知》第一条的规定，对新型冠状病毒感染的肺炎患者、疑似病人、密切接触者在其隔离治疗期间或医学观察期间以及因政府实施隔离措施或采取其他紧急措施导致不能提供正常劳动的企业职工，企业应当支付职工在此期间的工作报酬，并不得依据劳动合同法第四十条、四十一条与职工解除劳动合同。也就是说，在小刘14天的隔离期间，公司应当支付其工资。那么，小刘也应该如数得到 2 月份的工资。如果企业不支付，则属于《劳动合同法》第八十五条规定的"未按照劳动合同的约定或者国家规定及时足额支付劳动者劳动报酬"的情形，由劳动行政部门责令限期支付劳动报酬后，应及时支付，逾期不支付的，按应付金额 50% 以上 100% 以下的标准向劳动者加付赔偿金。

法律依据

《中华人民共和国劳动合同法》

第八十五条 用人单位有下列情形之一的，由劳动行政部门责令限期支付劳动报酬、加班费或者经济补偿；劳动报酬低于当地最低工资标准的，应当支付其差额部分；逾期不支付的，责令用人单位按应付金额百分之五十以上百分之一百以下的标准向劳动者加付赔偿金：

（一）未按照劳动合同的约定或者国家规定及时足额支付劳动者劳动报酬的；

……

《工资支付暂行规定》

第十二条 非因劳动者原因造成单位停工、停产在一个工资支付周期内的，用人单位应按劳动合同规定的标准支付劳动者工资。超过一个工资支付周期的，若劳动者提供了正常劳动，则支付给劳动者的劳动报酬不得低于当地的最低工资标准；若劳动者没有提供正常劳动，应按国家有关规定办理。

《人力资源和社会保障部办公厅关于妥善处理新型冠状病毒感染的肺炎疫情防控期间劳动关系问题的通知》

一、对新型冠状病毒感染的肺炎患者、疑似病人、密切接触者在其隔离治疗期间或医学观察期间以及因政府实施隔离措施或采取其他紧急措施导致不能提供正常劳动的企业职工，企业应当支付职工在此期间的工作报酬，并不得依据劳动合同法第四十条、四十一条与职工解除劳动合同。在此期间，劳动合同到期的，分别顺延至职工医疗期期满、医学观察期期满、隔离期期满或者政府采取的紧急措施结束。

二、企业因受疫情影响导致生产经营困难的，可以通过与职工协商一致采取调整薪酬、轮岗轮休、缩短工时等方式稳定工作岗位，尽量不裁员或者少裁员。符合条件的企业，可按规定享受稳岗补贴。企业停工停产在一个工资支付周期内的，企业应按劳动合同规定的标准支付职工工资。超过一个工资支付周期的，若职工提供了正常劳动，企业支付给职工的工资不得低于当地最低工资标准。职工没有提供正常劳动的，企业应当发放生活费，生活费标准按各省、自治区、直辖市规定的办法执行。

风险预警

（1）非因劳动者原因造成单位停工、停产在一个工资支付周期内的，用人单位应按劳动合同规定的标准支付劳动者工资。

（2）对于突发公共事件过程中的各种有关企业用工的政策规定，用人单位应当做到充分了解，并严格遵守。

23. 用人单位扣发依法参加社会活动员工的工资的，有什么风险？

用人单位因为各种合理原因扣发员工工资属于正常现象，但在实践中也存在一些用人单位违法扣发工资的情形。例如，用人单位因员工依法参加社会活动而扣除员工当日工资，这其实是一种违法行为，将使用人单位陷入不必要的纠纷，甚至给用人单位带来损失。因此，用人单位在扣发员工工资时应慎重考虑其背后的理由，若员工是因为合理事由而耽误工作时间，用人单位不得克扣员工相应工资。

风险案例

▶ 公司因克扣依法参加社会活动员工的工资而承担法律责任

何某系甲村村民，在镇里某印刷厂做车间工人，月薪3000元。该印刷厂有规定：员工因请假而耽误工作时间的，一律扣除相应时间的工资。2022年9月17日，甲村村委会换届选举，何某作为有选举权的村民，当日因参加甲村村委会换届选举大会而向印刷厂请假1天。月末领取工资时，何某发现自己因参加村委会换届选举请假当日的工资被单位扣除。何某认为自己是因参加社会活动，行使自己的选举权而请假，单位扣除当日工资的行为违法。于是，何某找到印刷厂财务负责人说明情况，但财务负责人说，计发工资是严格按照公司规章制度进行的，无论何某因何种原因请假，只能扣除工资。

那么，何某的说法有法律依据吗？如果有，印刷厂应承担什么法律后果？

第4章 工资规定与发放中的风险

> 案例解析

何某的说法有法律依据，印刷厂克扣何某当日工资的行为违法。关于员工劳动报酬问题，我国《劳动法》第五十一条规定，劳动者在法定休假日和婚丧假期间以及依法参加社会活动期间，用人单位应当依法支付工资。那么，员工的哪些行为属于依法参加社会活动呢？《工资支付暂行规定》第十条对"社会活动"作出了具体规定，包括：依法行使选举权或被选举权；当选代表出席乡（镇）、区以上政府、党派、工会、青年团、妇女联合会等组织召开的会议；出任人民法庭证明人；出席劳动模范、先进工作者大会；《工会法》规定的不脱产工会基层委员会委员因工会活动占用的生产或工作时间；其它依法参加的社会活动。本案中，何某参加村民委员会换届选举的行为，根据《村民委员会组织法》第十三条的规定，属于依法行使选举权、依法参加社会活动，印刷厂应当依法足额支付何某当日工资。

依法参加社会活动是公民的权利和义务，劳动者因依法参加社会活动而耽误工作时间的，用人单位正常发放当日工资，这不但是其法定责任，也是承担社会义务的一种体现。如果用人单位因此克扣劳动者工资的，根据《劳动合同法》第八十五条的规定，由劳动行政部门责令限期支付劳动报酬，逾期不支付的，责令用人单位按应付金额50%以上100%以下的标准向劳动者加付赔偿金。本案中，印刷厂以何某参与甲村村委会换届选举而请假为由克扣何某当日工资的行为侵犯了员工的合法权利，违反相关法律规定，应按照上文规定于限期内支付劳动报酬，否则要额外支付50元到100元的赔偿金。除此之外，用人单位还可能需要承担《劳动法》第九十一条规定的由劳动行政部门责令支付劳动者的工资报酬、经济补偿，并支付赔偿金等法律风险。

法律依据

《中华人民共和国劳动法》

第五十一条 劳动者在法定休假日和婚丧假期间以及依法参加社会活动期间，用人单位应当依法支付工资。

第九十一条 用人单位有下列侵害劳动者合法权益情形之一的，由劳动行政部门责令支付劳动者的工资报酬、经济补偿，并可以责令支付赔偿金：

（一）克扣或者无故拖欠劳动者工资的；

……

《中华人民共和国劳动合同法》

第八十五条 用人单位有下列情形之一的，由劳动行政部门责令限期支付劳动报酬、加班费或者经济补偿；劳动报酬低于当地最低工资标准的，应当支付其差额部分；逾期不支付的，责令用人单位按应付金额百分之五十以上百分之一百以下的标准向劳动者加付赔偿金：

（一）未按照劳动合同的约定或者国家规定及时足额支付劳动者劳动报酬的；

……

《中华人民共和国村民委员会组织法》

第十三条 年满十八周岁的村民，不分民族、种族、性别、职业、家庭出身、宗教信仰、教育程度、财产状况、居住期限，都有选举权和被选举权；但是，依照法律被剥夺政治权利的人除外。

……

《工资支付暂行规定》

第十条 劳动者在法定工作时间内依法参加社会活动期间，用人单位应视同其提供了正常劳动而支付工资。社会活动包括：依法行使选举权或被选举权；当选代表出席乡（镇）、区以上政府、党派、工会、青年团、妇女联合会等组织召开的会议；出任人民法庭证明人；出席劳动模范、先进工作者大会；《工会法》规定的不脱产工会基层委员会委员因工会活动占用的生产或工作时间；其它依法参加的社会活动。

> **风险预警**
>
> （1）用人单位应按时、足额发放员工工资。
>
> （2）用人单位扣发员工工资应有合法、合理的依据，不得违反法律及企业章程的相关规定。
>
> （3）用人单位不得因员工依法参加社会活动耽误工作时间而克扣其工资。
>
> （4）用人单位克扣依法参加社会活动的员工工资的，应依法承担相应的法律责任。

24. 用人单位以扣发工资的形式弥补劳动者给公司造成的损失的，有什么风险？

在劳动关系中，用人单位通过发放薪酬换取劳动力，而劳动者通过自己的劳动为用人单位创造经济利益，领取自己的劳动报酬。但是在实践中，劳动者偶尔也会因为自己的工作疏忽而给用人单位带来损失，此种情形下，用人单位通过什么形式来追究劳动者的责任以弥补损失呢？此时，应当考虑用人单位和劳动者之间签订的劳动合同是否存在相关的赔偿约定，如果用人单位擅自通过克扣劳动者工资的形式弥补劳动者给公司造成的损失，则会因违反法律而承担相应的不利后果。

风险案例

▶ 公司因克扣给公司造成经济损失的员工工资而承担法律责任

李某系某珠宝公司的销售柜台员工，月薪5000元。某日，李某在向客人展示一只价值18万元的翡翠手镯时，不小心将手镯掉落在地，造成手镯毁损。李某入职时，与公司签订的用工合同中约定，"员工因故意或过失毁坏货品，按照毁坏物品的零售价向公司进行赔付"。合同经李某承诺已详细阅读、充分理解并会严格遵守，且经过李某签字确认。损失发生之后，珠宝公司担心李某无力偿付赔款，遂擅自决定扣除李某半年工资，以抵偿部分赔款。李某认为珠宝公司这种做法侵犯了自己合法的报酬权，违反了法律规定。

那么，李某的说法是否有法律依据？该珠宝公司是否应当承担相应的法律后果？

案例解析

劳动者通过自己的劳动获取相应的工资报酬是劳动者的一项合法的权利，在没有相关约定的情况下，即使劳动者因自己的过错给用人单位造成经济损失，用人单位也只能通过法律途径维权，而不得随意克扣其工资以弥补损失，不得侵犯劳动者的合法权益。根据《工资支付暂行规定》第十六条的规定，因劳动者本人原因给用人单位造成经济损失的，用人单位可按照劳动合同的约定要求其赔偿经济损失。经济损失的赔偿，可从劳动者本人的工资中扣除。但每月扣除的部分不得超过劳动者当月工资的20%。若扣除后的剩余工资部分低于当地月最低工资标准，则按最低工资标准支付。由此可知，因劳动者个人原因给用人单位造成损失的，用人单位最终能否获赔，通过何种方式获赔，要依据相应的法律和合同约定来认定。

本案中，李某因过失造成了手镯的毁损，由于李某和珠宝公司之间签订了赔付合同，因此珠宝公司有权要求李某赔偿经济损失，赔付款额可以从李某工资中扣除，但是应当遵守《工资支付暂行规定》第十六条的规定。珠宝公司擅自全额克扣李某半年工资的做法是违法的，属于我国《劳动合同法》第八十五条规定的未足额支付劳动者劳动报酬的情形，应当在劳动行政部门指定的时间内补足李某的劳动报酬，否则要承担应付金额50%到100%的赔偿金。此外，依据《劳动法》第九十一条的规定，用人单位克扣或者无故拖欠劳动者工资的，由劳动行政部门责令支付劳动者的工资报酬、经济补偿，并可以责令支付赔偿金。这一规定也将使得珠宝公司承担相应的法律责任。

综上，由于劳动者和用人单位之间存在人身从属性，劳动者在用人单位的管理和控制下从事工作，用人单位如果要规避可能由劳动者带来的经济损失，应在最初签订劳动合同时就明确约定相应的赔偿责任，否则应由用人单位自行承担相应的后果。

> **法律依据**

《中华人民共和国劳动法》

第九十一条 用人单位有下列侵害劳动者合法权益情形之一的,由劳动行政部门责令支付劳动者的工资报酬、经济补偿,并可以责令支付赔偿金:

(一)克扣或者无故拖欠劳动者工资的;

……

《中华人民共和国劳动合同法》

第八十五条 用人单位有下列情形之一的,由劳动行政部门责令限期支付劳动报酬、加班费或者经济补偿;劳动报酬低于当地最低工资标准的,应当支付其差额部分;逾期不支付的,责令用人单位按应付金额百分之五十以上百分之一百以下的标准向劳动者加付赔偿金:

(一)未按照劳动合同的约定或者国家规定及时足额支付劳动者劳动报酬的;

……

《工资支付暂行规定》

第十六条 因劳动者本人原因给用人单位造成经济损失的,用人单位可按照劳动合同的约定要求其赔偿经济损失。经济损失的赔偿,可从劳动者本人的工资中扣除。但每月扣除的部分不得超过劳动者当月工资的20%。若扣除后的剩余工资部分低于当地月最低工资标准,则按最低工资标准支付。

风险预警

（1）用人单位可按照合同要求劳动者承担因自身原因给单位造成的损失。

（2）若用人单位与劳动者之间未签订相应损失赔偿合同、明确划分责任的，则用人单位无权要求劳动者承担赔偿责任。

（3）用人单位与劳动者之间如果签订了相应的赔付合同，用人单位可以获赔，但获赔金额、方式应限于合法范围内。

（4）用人单位不得在没有合法依据及合同约定的情况下克扣员工工资以弥补劳动者给单位造成的损失。

25. 拖欠员工工资的，有哪些风险？

很多用人单位会因为资金周转不开、财务系统升级等各种客观原因而未能及时给员工发放当月工资，也有许多单位是故意延迟发放员工工资。根据我们国家法律规定，用人单位必须按月及时支付员工劳动报酬，否则用人单位除了支付工资还要承担赔偿责任。

风险案例

▶ 公司因拖欠员工工资被责令支付赔偿金

某建筑公司是一个规模较大的公司，共有800多名员工。2020年，建筑公司管理层不断出现矛盾，以致建筑公司运营出现各种问题。2021年公司进行裁员，100多名员工被裁，建筑公司依法支付了经济补偿金等各项补偿。从2022年2月开始，建筑公司为了回笼资金，开始拖延发放员工工资，不再按月支付，而是延迟半年后支付，并且也只发放基本工资，员工的绩效、奖金等均未支付。其中有一位副总提出，这种行为是不合法的，但是资金周转困难，建筑公司还是继续拖欠。2022年10月，部分员工联名向当地人力资源和社会保障局反映了建筑公司拖欠员工工资的问题，人社局责令建筑公司在15天内全部足额支付。但建筑公司依然没有支付。最终，建筑公司被人力资源和社会保障局责令按照应付劳动报酬50%的标准支付给员工赔偿金。

那么，当地人力资源和社会保障局的做法是合法的吗？用人单位拖欠员工工资有何法律风险？

案例解析

本案中，当地人力资源和社会保障局的做法是符合法律规定的。我国《劳动法》第五十条明确规定："工资应当以货币形式按月支付给劳动者本人。不得克扣或者无故拖欠劳动者的工资。"同时，《劳动合同法》第三十条规定："用人单位应当按照劳动合同约定和国家规定，向劳动者及时足额支付劳动报酬。用人单位拖欠或者未足额支付劳动报酬的，劳动者可以依法向当地人民法院申请支付令，人民法院应当依法发出支付令。"也就是说，用人单位必须按月足额支付员工劳动报酬，没有按月支付或者没有足额支付都属于拖欠劳动者工资的情形。本案中，建筑公司拖欠劳动者报酬之后，人社局已经责令其支付员工工资，但是该建筑公司仍然未予支付。

在这种情况下，人社局最终责令建筑公司支付赔偿金的行为也是符合法律规定的。《劳动法》第九十一条明确规定："用人单位有下列侵害劳动者合法权益情形之一的，由劳动行政部门责令支付劳动者的工资报酬、经济补偿，并可以责令支付赔偿金：（一）克扣或者无故拖欠劳动者工资的；……"同时，《劳动合同法》第八十五条规定："用人单位有下列情形之一的，由劳动行政部门责令限期支付劳动报酬、加班费或者经济补偿；劳动报酬低于当地最低工资标准的，应当支付其差额部分；逾期不支付的，责令用人单位按应付金额百分之五十以上百分之一百以下的标准向劳动者加付赔偿金：（一）未按照劳动合同的约定或者国家规定及时足额支付劳动者劳动报酬的；……"所以，该建筑公司拖欠员工工资的行为是违法行为，最后不仅要将拖欠的工资如数发放，还要面临支付赔偿金的风险。

法律依据

《中华人民共和国劳动法》

第五十条 工资应当以货币形式按月支付给劳动者本人。不得克扣或者无故拖欠劳动者的工资。

第九十一条 用人单位有下列侵害劳动者合法权益情形之一的，由劳动行政部门责令支付劳动者的工资报酬、经济补偿，并可以责令支付赔偿金：

（一）克扣或者无故拖欠劳动者工资的；

（二）拒不支付劳动者延长工作时间工资报酬的；

（三）低于当地最低工资标准支付劳动者工资的；

（四）解除劳动合同后，未依照本法规定给予劳动者经济补偿的。

《中华人民共和国劳动合同法》

第三十条　用人单位应当按照劳动合同约定和国家规定，向劳动者及时足额支付劳动报酬。

用人单位拖欠或者未足额支付劳动报酬的，劳动者可以依法向当地人民法院申请支付令，人民法院应当依法发出支付令。

第八十五条　用人单位有下列情形之一的，由劳动行政部门责令限期支付劳动报酬、加班费或者经济补偿；劳动报酬低于当地最低工资标准的，应当支付其差额部分；逾期不支付的，责令用人单位按应付金额百分之五十以上百分之一百以下的标准向劳动者加付赔偿金：

（一）未按照劳动合同的约定或者国家规定及时足额支付劳动者劳动报酬的；

（二）低于当地最低工资标准支付劳动者工资的；

（三）安排加班不支付加班费的；

（四）解除或者终止劳动合同，未依照本法规定向劳动者支付经济补偿的。

风险预警

（1）用人单位不能随意克扣、拖欠劳动者工资。

（2）工资必须按月发放，且要足额发放。

（3）加班工资也需要及时支付，不得拖欠。

（4）用人单位拖欠劳动者工资的后果是，不仅要足额支付劳动者工资，还要支付一笔赔偿金。

26. 以购物卡、代金券等形式发放工资的，有什么风险？

近几年来，购物卡、代金券在我们的生活中逐渐流行起来，购物卡、代金券不仅能给我们带来便利，也能带来一些优惠，很多人比较愿意用购物卡和代金券消费。所以，现在很多企业在给员工发放福利时，会采用发放购物卡的形式，甚至有些企业直接用购物卡代替工资。其实，我们国家对发放福利的形式并没有限制，但是直接用购物卡、代金券发放工资，这种做法合法吗？会给企业带来哪些风险呢？

风险案例

▶ 公司给员工发购物卡代替工资系违法行为

J 公司是一家生产服装的企业，自成立至今，业绩一直不错，在当地也是有名的服装生产商，其生产的服装不仅销往全国各地，还出口国外。某商贸公司是一家销售服装的企业，也是 J 公司多年合作的大客户，但是近几年因经营不善处于日益亏损的状态。2020 年，商贸公司在 J 公司订购了一批服装，但是一直没有支付货款。2021 年，商贸公司面临破产，但是所欠 J 公司的货款还未支付，于是给了 J 公司一批某商场购物卡用来折抵货款。J 公司收到购物卡后也不知该如何处理，有人提议可以用这批购物卡代替工资。于是，2021 年 10 月至 12 月的员工工资，J 公司都是发放的购物卡，员工们也根据自己的工资数额收到了相应数量的购物卡。

那么，J 公司的这种做法对吗？公司可以以购物卡、代金券等形式发放工资吗？

案例解析

J 公司的做法是错误的。《劳动法》第五十条中规定，工资应当以货币形式按月支付给劳动者本人。同时，《工资支付暂行规定》第五条明确规定："工资应当以法定货币支付。不得以实物及有价证券替代货币支付。"也就是说，法律明确规定，企业在给员工发放工资时，必须采用货币形式支付，也就是我们所谓的发钱，除此以外其他形式的工资支付方式都是不合法的。本案中，J 公司用购物卡代替货币给员工发放工资就是违法行为。虽然购物卡的数额和货币是一样的，但是性质不同，员工的工资自己可以随意支配，而发放的购物卡就限制了这种支配权。需要注意的是，其他任何形式的非货币支付都是法律明确禁止的。

法律依据

《中华人民共和国劳动法》

第五十条 工资应当以货币形式按月支付给劳动者本人。不得克扣或者无故拖欠劳动者的工资。

《工资支付暂行规定》

第五条 工资应当以法定货币支付。不得以实物及有价证券替代货币支付。

风险预警

（1）用人单位发工资必须发钱，不能用其他实物代替。

（2）用人单位用购物卡、代金券等非货币形式发放工资是法律明确禁止的。

第 5 章

社保、公积金与个人所得税操作中的风险

27. 将员工的社会保险费用折合成现金发给员工，有什么风险?

为劳动者办理社会保险是用人单位的法定义务。然而实践中，有的企业为了节省成本、减少麻烦，不为员工办理社会保险，或者通过将社会保险费用折合成现金的形式发放给员工，这些做法都是违法的。对于将社会保险费用折合成现金的形式发放给员工的，从表面上看，似乎增加了劳动者的收入，但往往会给企业带来法律纠纷，不仅要补缴费用，还要缴纳罚款。

风险案例

▶ 公司将社保费发放给员工而承担不利法律后果

2022年3月11日，河北省某石材厂接到一大单紧急运输石材的业务，

急需招用一批装卸工人。贾某看到招工广告之后前来应聘。由于石材厂刚成立不久，还没有正式的行政办事人员，石材厂为了省事，便与贾某商量，暂时不给贾某办理社会保险，而将办理社保费用中公司缴纳的部分折合成现金作为额外的工资发给贾某。得到贾某同意之后，石材厂正式录用贾某。3月24日，贾某在装卸一批石头时，被掉落的石头砸中双腿，紧急送往医院救治。经医生诊断，贾某双腿髌骨骨折，需要借助轮椅进行活动，全部医疗费用大约30万元。后贾某的伤情经相关机构鉴定为八级伤残，生活部分不能自理。贾某认为自己所受伤害属于工伤范围，医疗费应由石材厂承担，便向石材厂申请工伤赔偿，石材厂却以未给贾某办理社会保险且已经将社会保险费用折合成现金给予贾某为由，回绝了贾某的请求。

那么，贾某的医疗费用应由谁承担？石材厂的做法将面临什么法律风险？

案例解析

我国《劳动法》第七十二条规定，用人单位和劳动者必须依法参加社会保险，缴纳社会保险费。据此，贾某入职时，石材厂与其约定以发放现金的方式代替办理社会保险的做法是违法的。根据《工伤保险条例》第六十二条的规定，石材厂应限期为贾某办理工伤保险，补缴应当缴纳的工伤保险费，并自欠缴之日起，按日加收万分之五的滞纳金；逾期仍不缴纳的，会被处欠缴数额1倍以上3倍以下的罚款。

《工伤保险条例》第三十条第一款规定，职工因工作遭受事故伤害或者患职业病进行治疗，享受工伤医疗待遇。本案中，贾某是在履行工作任务时受伤的，应认定为工伤，石材厂应当为其申请工伤认定，协助其享受工伤保险待遇，但石材厂却回绝了贾某的要求，其行为是违法的。

贾某因工伤所负担的哪些费用需要从工伤保险基金支付呢？根据《工伤保险条例》第三十条、第三十二条、第三十四条的规定，具体的费用有：贾某住院治疗工伤的伙食补助费，以及经医疗机构出具证明、报经办机构同意，贾某到统筹地区以外就医所需的交通、食宿费；经劳动能力鉴定委员会确认，贾某因日常生活或者就业需要配置轮椅辅助工具费用；贾某被评定为八级伤残，生活部分不能自理，需要按照统筹地区上年度职工月平均工资的30%领取生活护理费。此外，贾某还可根据《工伤保险条例》第三十七条的规定，享受一次性伤残补助金待遇。然而，由于石材厂未为贾某参加社会保险，导致其无法享受工伤保险待遇，应由石材厂按照工伤保险待遇项目和标准支付各项费用。

用人单位为劳动者缴纳社会保险费是其法定责任，即使与劳动者约定免于办理或抵偿工资，都不能免除其这一义务。否则，劳动者可以通过法律手段维权，要求用人单位支付经济补偿。若发生重大事故，造成员工伤残，用人单位需支付相应费用。

法律依据

《中华人民共和国劳动法》

第七十二条　社会保险基金按照保险类型确定资金来源，逐步实行社会统筹。用人单位和劳动者必须依法参加社会保险，缴纳社会保险费。

《工伤保险条例》

第三十条　职工因工作遭受事故伤害或者患职业病进行治疗，享受工伤医疗待遇。

……

职工住院治疗工伤的伙食补助费，以及经医疗机构出具证明，报经办机构同意，工伤职工到统筹地区以外就医所需的交通、食宿费用从工伤保险基金支付，基金支付的具体标准由统筹地区人民政府规定。

……

第三十二条 工伤职工因日常生活或者就业需要，经劳动能力鉴定委员会确认，可以安装假肢、矫形器、假眼、假牙和配置轮椅等辅助器具，所需费用按照国家规定的标准从工伤保险基金支付。

第三十三条 职工因工作遭受事故伤害或者患职业病需要暂停工作接受工伤医疗的，在停工留薪期内，原工资福利待遇不变，由所在单位按月支付。

停工留薪期一般不超过12个月。伤情严重或者情况特殊，经设区的市级劳动能力鉴定委员会确认，可以适当延长，但延长不得超过12个月。工伤职工评定伤残等级后，停发原待遇，按照本章的有关规定享受伤残待遇。工伤职工在停工留薪期满后仍需治疗的，继续享受工伤医疗待遇。

生活不能自理的工伤职工在停工留薪期需要护理的，由所在单位负责。

第三十四条 工伤职工已经评定伤残等级并经劳动能力鉴定委员会确认需要生活护理的，从工伤保险基金按月支付生活护理费。

生活护理费按照生活完全不能自理、生活大部分不能自理或者生活部分不能自理3个不同等级支付，其标准分别为统筹地区上年度职工月平均工资的50%、40%或者30%。

第三十七条 职工因工致残被鉴定为七级至十级伤残的，享受以下待遇：

（一）从工伤保险基金按伤残等级支付一次性伤残补助金，标准为：七级伤残为13个月的本人工资，八级伤残为11个月的本人工资，九级伤残为9个月的本人工资，十级伤残为7个月的本人工资；

（二）劳动、聘用合同期满终止，或者职工本人提出解除劳动、聘用合同的，由工伤保险基金支付一次性工伤医疗补助金，由用人单位支付一次性伤残就业补助金。一次性工伤医疗补助金和一次性伤残就业补助金的具体标准由省、自治区、直辖市人民政府规定。

第六十二条　用人单位依照本条例规定应当参加工伤保险而未参加的，由社会保险行政部门责令限期参加，补缴应当缴纳的工伤保险费，并自欠缴之日起，按日加收万分之五的滞纳金；逾期仍不缴纳的，处欠缴数额1倍以上3倍以下的罚款。

依照本条例规定应当参加工伤保险而未参加工伤保险的用人单位职工发生工伤的，由该用人单位按照本条例规定的工伤保险待遇项目和标准支付费用。

用人单位参加工伤保险并补缴应当缴纳的工伤保险费、滞纳金后，由工伤保险基金和用人单位依照本条例的规定支付新发生的费用。

风险预警

（1）用人单位一定要及时为员工缴纳社会保险费。

（2）用人单位不可以将社会保险费用折合成现金发放给员工。

28. 使用虚假职工名册申报、缴纳社会保险费，有什么风险？

在劳动者权益保障日益完善的今天，很多企业都知晓为员工办理社会保险是一项法律规定的义务，也了解不及时为员工缴纳社会保险将带来怎样的严重后果。实践中，有的企业在为员工办理社会保险时投机取巧，通过使用虚假职工名册申报、缴纳社会保险费以求蒙混过关，这些行为都是违法的，要承担相应的法律后果。

风险案例

▶ 公司使用虚假员工名册申报社保被调查

小乔是某公司的会计，其表姐在当地人力资源和社会保障部门任职。一天，小乔所在的公司向人社局申报社保名单时，恰好是小乔的表姐负责审核。表姐认出该公司是表妹小乔所在的公司之后，刻意留意了一下，发现名单上并没有表妹小乔的名字，于是向小乔打电话询问情况。双方沟通后，小乔发现申报名单上面的很多名字都不认识，而包括自己在内的多名同事的名字都没有出现在名单上，并且，这份名单上的人数明显少于在职职工的人数，于是向表姐说明了情况。后经人力资源和社会保障部门审核，该公司为了降低经营成本，伪造了一份职工名册申报社保。

那么，该公司应承担怎样的法律后果？

案例解析

《社会保险法》第六十条第一款规定，用人单位应当自行申报、按时足额缴纳社会保险费，非因不可抗力等法定事由不得缓缴、减免。职工应当缴纳的社会保险费由用人单位代扣代缴，用人单位应当按月将缴纳社会保险费的明细情况告知本人。由此可见，用人单位和个人应当依法及时、如实缴纳社会保险，并且，申报缴费时应提供真实合法有效的申报材料，并对自己提供的材料负责。

《社会保险法》第八十六条规定："用人单位未按时足额缴纳社会保险费的，由社会保险费征收机构责令限期缴纳或者补足，并自欠缴之日起，按日加收万分之五的滞纳金；逾期仍不缴纳的，由有关行政部门处欠缴数额一倍以上三倍以下的罚款。"

本案中，某公司伪造职工名册申报缴费，申报缴费人数少于该公司实际人数，以实现漏缴、少缴社会保险费的行为属于违法行为，构成不按时足额缴纳社会保险费的情形，面临被责令限期缴纳或者补足，并加收滞纳金的不利法律后果。如该公司逾期仍不缴纳，还将面临罚款的行政处罚。

法律依据

《中华人民共和国社会保险法》

第六十条第一款 用人单位应当自行申报、按时足额缴纳社会保险费，非因不可抗力等法定事由不得缓缴、减免。职工应当缴纳的社会保险费由用人单位代扣代缴，用人单位应当按月将缴纳社会保险费的明细情况告知本人。

第七十四条 社会保险经办机构通过业务经办、统计、调查获取社会保险工作所需的数据，有关单位和个人应当及时、如实提供。

社会保险经办机构应当及时为用人单位建立档案，完整、准确地记录参加社会保险的人员、缴费等社会保险数据，妥善保管登记、申报的原始凭证和支付结算的会计凭证。

社会保险经办机构应当及时、完整、准确地记录参加社会保险的个人缴费和用人单位为其缴费，以及享受社会保险待遇等个人权益记录，定期将个人权益记录单免费寄送本人。

用人单位和个人可以免费向社会保险经办机构查询、核对其缴费和享受社会保险待遇记录，要求社会保险经办机构提供社会保险咨询等相关服务。

第八十六条 用人单位未按时足额缴纳社会保险费的，由社会保险费征收机构责令限期缴纳或者补足，并自欠缴之日起，按日加收万分之五的滞纳金；逾期仍不缴纳的，由有关行政部门处欠缴数额一倍以上三倍以下的罚款。

《社会保险费征缴暂行条例》

第十三条 缴费单位未按规定缴纳和代扣代缴社会保险费的，由劳动保障行政部门或者税务机关责令限期缴纳；逾期仍不缴纳的，除补缴欠缴数额外，从欠缴之日起，按日加收2‰的滞纳金。滞纳金并入社会保险基金。

第二十四条 缴费单位违反有关财务、会计、统计的法律、行政法规和国家有关规定，伪造、变造、故意毁灭有关账册、材料，或者不设账册，致使社会保险费缴费基数无法确定的，除依照有关法律、行政法规的规定给予行政处罚、纪律处分、刑事处罚外，依照本条例第十条的规定征缴；迟延缴纳的，由劳动保障行政部门或者税务机关依照本条例第十三条的规定决定加收滞纳金，并对直接负责的主管人员和其他直接责任人员处

5000 元以上 20000 元以下的罚款。

风险预警

（1）用人单位应当如实申报、足额缴纳职工社会保险费。

（2）用人单位不按规定缴纳社会保险费，任何单位和个人都有权监督和举报。

（3）存在未按规定缴纳社会保险费情形的，用人单位应及时采取补救措施，不能逃避法律责任。

29. 应劳动者要求而不为其办理社会保险手续并缴费的，有什么风险？

社会保险需要企业和员工共同负担一定的费用。实践中，有的企业为了节省成本，员工也为了自己的工资不缩水，或者是因为其他原因，双方很容易达成企业同意员工自愿放弃办理社会保险的合意。事实上，企业和员工的这种做法是不正确的，要承担法律责任。

风险案例

▶ 员工自愿放弃办理社会保险条款属无效，公司仍需承担法律责任

某棉纺公司发布招聘广告，招聘一名车间清点员。刘某应聘成功。

在签订劳动合同书时，刘某注意到其中一项条款是："员工由于个人原因自愿放弃办理社会保险，若日后出现医疗报销等相关费用，自行承担一切后果，与公司无关。"刘某有些疑惑。棉纺公司表示，由于刘某从事的工作较为清闲，工资待遇也相对较好，一般不会在工作期间出现医疗、工伤等问题，如果刘某放弃社保，可以每月多拿几百元的工资，何乐而不为？刘某表示认同，签字确认，与棉纺公司正式达成劳动协议。然而，夏季的某日，车间温度过高，且通风不好，刘某因中暑在车间晕倒，造成小臂骨折。刘某认为自己在工作时受伤，棉纺公司应该为自己办理工伤认定并给予补偿。而棉纺公司则以当初刘某自愿放弃办理社会保险为由表示拒绝。

那么，刘某签订的自愿放弃办理社会保险的条款是否有效？棉纺公司的做法存在哪些风险？

案例解析

实践中，许多企业都通过劳动者自愿放弃社会保险的方式来免除缴纳社会保险的责任，但在我国，社会保险是一种强制险，劳动者的放弃不会发生任何法律效力。《劳动法》第七十二条规定："用人单位和劳动者必须依法参加社会保险，缴纳社会保险费。"《社会保险法》第四条也有类似规定。据此可知，为劳动者缴纳社会保险费是用人单位的法定义务，无论如何，用人单位都应当按时足额缴纳社会保险，该项义务不得通过双方约定排除，劳动者也不得单方放弃此项权利。本案中，刘某与棉纺公司签订的关于放弃社会保险权利的条款无效，公司仍应为其购买社会保险，否则发生保险事故时，公司还应该承担相应的法律责任。

现实生活中，通过约定或自愿放弃社会保险权利的单位不在少数，为了规制此行为，《社会保险法》第八十六条规定了相应的法律责任。此外，用人单位未缴纳社会保险费也是劳动者单方解除劳动合同的法定理由之一。因此，棉纺公司的行为将导致以下法律风险：第一，刘某可根据《劳动合同法》第三十八条、第四十六条的规定提出解除劳动合同并要求公司支付经济补偿金；第二，刘某到人力资源和社会保障局投诉要求公司补缴社会保险，届时，公司不仅需要补缴社会保险费，还需要承担滞纳金，可能还会遭受罚款的行政处罚。

法律依据

《中华人民共和国劳动法》

第七十二条　社会保险基金按照保险类型确定资金来源，逐步实行社会统筹。用人单位和劳动者必须依法参加社会保险，缴纳社会保险费。

第一百条　用人单位无故不缴纳社会保险费的，由劳动行政部门责令其限期缴纳；逾期不缴的，可以加收滞纳金。

《中华人民共和国劳动合同法》

第三十八条　用人单位有下列情形之一的，劳动者可以解除劳动合同：

……

（三）未依法为劳动者缴纳社会保险费的；

……

第四十六条　有下列情形之一的，用人单位应当向劳动者支付经济补偿：

（一）劳动者依照本法第三十八条规定解除劳动合同的；

……

《中华人民共和国社会保险法》

第四条　中华人民共和国境内的用人单位和个人依法缴纳社会保险费，有权查询缴费记录、个人权益记录，要求社会保险经办机构提供社会保险咨询等相关服务。

个人依法享受社会保险待遇，有权监督本单位为其缴费情况。

第八十六条　用人单位未按时足额缴纳社会保险费的，由社会保险费征收机构责令限期缴纳或者补足，并自欠缴之日起，按日加收万分之五的滞纳金；逾期仍不缴纳的，由有关行政部门处欠缴数额一倍以上三倍以下的罚款。

风险预警

（1）为劳动者办理社会保险是用人单位的一项法定义务。

（2）劳动者承诺自愿放弃办理社会保险的行为无效。

30. 用人单位未足额缴纳社会保险费也拒不提供担保的，有什么风险？

实践中，很多企业在为员工缴纳社会保险费时，存在故意或者过失漏缴、少缴的情况，那么，在被社会保险征缴部门发现后，企业应该及时予以补缴，或者提供相应的担保以证明自己将履行相应的足额缴纳义务。若企业明知自己的行为不当后，仍不及时改正，既不限期补缴社会保险费用，也不提供相应的担保，则需承担相应的法律责任。

风险案例

▶ **公司拒不补缴社保费且不提供担保，应承担法律责任**

程某是某汽车维修公司的员工，在该公司任职多年，后因个人原因离职。在向新公司转移社会保险手续的过程中，程某发现汽车维修公司少为自己缴纳了三年的社会保险费，于是向汽车维修公司反映情况。但该公司由于生意萧条、长期亏损，且认为程某已经离职，已经不是公司员工，便一直拖着没有为其办理补缴。无奈之下，程某便向当地人社局进行了举报。相关机构在进行调查后发现，该汽车维修公司的确存在少缴纳社会保险费的情况，便通知其及时补缴，后发现该公司经济能力不足，便要求其提供相应的担保。而该公司不仅不及时补缴社会保险费，还拒不提供担保。

那么，该汽车维修公司将面临怎样的法律风险？

案例解析

汽车维修公司少为程某缴了三年的社会保险费，该行为本身就不合法，且在被检举之后仍不及时进行补缴，也不提供担保，更是会带来不利的法律后果。

针对企业拒绝承担"按时足额缴纳社会保险费"义务的情况，根据《社会保险法》第六十三条的规定，社会保险费征收机构可责令其限期缴纳或者补足，若在期限内该公司仍未缴纳或者补足社会保险费的，社会保险费征收机构可以向银行和其他金融机构查询其存款账户；并可以申请县级以上有关行政部门作出划拨社会保险费的决定，书面通知其开户银行或者其他金融机构划拨社会保险费。用人单位账户余额少于应当缴纳的社会保险费的，社会保险费征收机构可以要求该用人单位提供担保，签订延期缴费协议。用人单位未足额缴纳社会保险费且未提供担保的，社会保险费征收机构可以申请人民法院扣押、查封、拍卖其价值相当于应当缴纳社会保险费的财产，以拍卖所得抵缴社会保险费。

在上面的案例中，如果汽车维修公司银行账户中的财产不足以清偿欠缴的社会保险费，又拒不提供担保申请延期缴费，可能会导致公司承担财产被扣押、查封、拍卖等法律后果。此外，根据当前的执行政策，该公司还面临被纳入失信被执行人名单的风险。

法律依据

《中华人民共和国社会保险法》

第六十三条　用人单位未按时足额缴纳社会保险费的，由社会保险费征收机构责令其限期缴纳或者补足。

用人单位逾期仍未缴纳或者补足社会保险费的，社会保险费征收机构可以向银行和其他金融机构查询其存款账户；并可以申请县级以上有关行政部门作出划拨社会保险费的决定，书面通知其开户银行或者其他金融机构划拨社会保险费。用人单位账户余额少于应当缴纳的社会保险费的，社会保险费征收机构可以要求该用人单位提供担保，签订延期缴费协议。

用人单位未足额缴纳社会保险费且未提供担保的，社会保险费征收机构可以申请人民法院扣押、查封、拍卖其价值相当于应当缴纳社会保险费的财产，以拍卖所得抵缴社会保险费。

风险预警

（1）用人单位漏缴、少缴社会保险费的，会被加收滞纳金，从而导致费用增加。

（2）用人单位应严格依法如实申报缴费，如因故延期缴费的，应遵照社会保险征收机构的意见改正并及时补缴，以免造成企业财产被拍卖、影响企业信用评估的不利后果。

31. 协助劳动者违法提取公积金的，有什么风险？

"五险一金"，对所有人来说都耳熟能详，用人单位往往用高额齐备的"五险一金"来吸引人才。而作为一名劳动者，最关心的往往也是用人单位是否会为其缴纳"五险一金"。其中的"一金"，便是住房公积金。住房公积金制度是我国城镇住房制度改革的一项创举，也是社会保障制度的重要组成部分，对于改善职工住房条件起到了重要作用。住房公积金只能专款专用，但现实生活中总有些职工试图通过不法方法提取住房公积金，有时甚至会"求助"于用人单位。那么，如果用人单位协助劳动者违法提取公积金，会面临什么风险呢？是否要承担责任呢？

风险案例

▶用人单位协助劳动者违法提取公积金而被立案调查

小王于2019年12月入职甲公司，担任项目部经理。双方签订了书面劳动合同，合同期限约定为五年。2022年6月14日，小王因工负伤，部分丧失劳动能力。后小王与用人单位协商一致，双方继续履行劳动合同，小王被调至门卫岗。10月2日，小王孩子因白血病住院，因治疗费用过高且多次借钱无果，小王便想到了提取自己公积金账户中的资金。小王得知完全丧失劳动能力并与单位终止劳动关系的，属于可以提取住房公积金的条件之一，小王便花钱找人给自己出具了完全丧失劳动能力的相关证明。之后，小王找到了用人单位领导，希望双方可以先终止劳动合同，等自己提取完公积金账户以后，再返聘自己回公司。单位领导刚开始不同意，后来觉得小王和孩子都很可怜，就同意了小王的建议。于是，用人单位和小王签订了劳动关系终止协议，并为小王开具了公积金提取证明。10月7日，小王到当地公积金管理中心申请提取公积金，10月10日，公积金到账。10月20日，小王再次入职甲公司，任职门卫管理，双方签订了书面劳动合同，合同期限为三年。后该事被甲公司的小刘举报，甲公司因协助小王违法提取公积金被立案调查。甲公司负责人辩称，其只是出于怜悯之心帮助小王提取公积金，并不是恶意为之，责任应在小王，用人单位没有责任。

那么，甲公司负责人的说法有法律依据吗？公司协助劳动者违法提取公积金的，将面临怎样的法律风险？

案例解析

甲公司负责人的说法没有法律依据。根据《住房公积金管理条例》第四十一条的规定，违反本条例规定，挪用住房公积金的，由国务院建设行政主管部门或者省、自治区人民政府建设行政主管部门依据管理职权，追回挪用的住房公积金，没收违法所得。由此可知，违法挪用公积金的，会由行政主管部门追回住房公积金、没收违法所得。那是不是只要证明住房公积金被追回、违法所得被没收，协助当事人支取公积金的用人单位就无须承担任何责任呢？答案是否定的。我国《刑法》第二百六十六条中规定："诈骗公私财物，数额较大的，处三年以下有期徒刑、拘役或者管制，并处或者单处罚金；数额巨大或者有其他严重情节的，处三年以上十年以下有期徒刑，并处罚金；数额特别巨大或者有其他特别严重情节的，处十年以上有期徒刑或者无期徒刑，并处罚金或者没收财产。"诈骗是指以非法占有为目的，通过虚构事实或隐瞒真相来骗取数额较大的公私财物的行为。通过虚构事实来骗取住房公积金，并将其据为己有，符合诈骗罪的构成要件；明知他人骗提公积金，还提供帮助的，属于诈骗罪的共犯。

在上面的案例中，虽然甲公司领导是出于怜悯心理帮助小王骗提公积金的，但也无法免除其应承担的责任。在法律上，同情心理并不属于违法阻却事由。甲公司在明知小王要骗提公积金的情况下，依旧为其提供相关凭证，帮助小王将住房公积金据为己有，该行为已经触犯了《刑法》，符合诈骗罪的构成要件。届时，用人单位将面临法律的制裁和惩罚。

法律依据

《住房公积金管理条例》

第五条 住房公积金应当用于职工购买、建造、翻建、大修自住住房，任何单位和个人不得挪作他用。

第二十四条第一款 职工有下列情形之一的，可以提取职工住房公积金账户内的存储余额：

……

（三）完全丧失劳动能力，并与单位终止劳动关系的；

……

第四十一条 违反本条例规定，挪用住房公积金的，由国务院建设行政主管部门或者省、自治区人民政府建设行政主管部门依据管理职权，追回挪用的住房公积金，没收违法所得；对挪用或者批准挪用住房公积金的人民政府负责人和政府有关部门负责人以及住房公积金管理中心负有责任的主管人员和其他直接责任人员，依照刑法关于挪用公款罪或者其他罪的规定，依法追究刑事责任；尚不够刑事处罚的，给予降级或者撤职的行政处分。

> **风险预警**

（1）住房公积金应当专款专用，不得用于法律规定之外的用途。

（2）住房公积金的提取必须符合法定条件。

（3）不论出现何种情况，出于何种目的，用人单位都不得帮助职工违法提取公积金。

（4）用人单位帮助职工违法提取公积金可能会触犯《刑法》，构成诈骗罪。

（5）同情心不属于违法阻却事由，无法免除其应当受到的法律惩罚。

32. 私下发放工资帮助劳动者逃避个人所得税的，有什么风险？

税收是国家取得财政收入的重要途径，是治国安民的保障。公民依法纳税是促进社会进步、民生发展的关键。个人所得税不仅可以增加国家财政收入、调节收入分配差距、培养公民纳税意识，还可以证明劳动者的工资收入，有利于劳动者成功申请车贷或房贷。但部分劳动者盲目追求个人利益，想尽办法逃避缴纳个人所得税。如果劳动者请求用人单位私下发放工资帮助其逃避个人所得税，用人单位能答应吗？会有什么风险？

第5章 社保、公积金与个人所得税操作中的风险

风险案例

▶ 用人单位因私下发放工资帮助劳动者逃避个人所得税而被以逃税罪立案侦查

2019年8月1日，小高入职H公司，入职当天用人单位就与其签订了书面劳动合同。但这份书面劳动合同却是份假合同——H公司给小高的月工资实为15000元，但劳动合同上写的却是每月5000元。H公司的人力资源主管告诉小高："其他工资将通过现金形式发放，这样可以帮助本单位职工少缴纳个人所得税。公司这样发放工资已经好几年了，职工们都十分赞同，也从未出过任何问题。同时，为了避免税务部门稽查发现问题，真正的劳动合同将不再签订。"小高当时心有担忧，但也没有说什么。工作一段时间后，小高发现，H公司大部分职工都是以这种形式领取工资的，工资也一直都是按时发放的。由于通过此种形式发放工资，职工每个月可以省下不少的个人所得税，因此员工都很配合，所以小高的担忧也就慢慢消解了。2022年7月13日，在税务机关进行税务督查时，H公司的上述行为被发现，H公司以逃税罪被警方立案侦查。

那么，H公司通过私下发放工资的形式帮助员工逃避个人所得税的做法，将导致其面临怎样的处罚呢？

案例解析

我国《刑法》第二百零一条第一款、第二款、第三款规定："纳税人采取欺骗、隐瞒手段进行虚假纳税申报或者不申报，逃避缴纳税款数

额较大并且占应纳税额百分之十以上的,处三年以下有期徒刑或者拘役,并处罚金;数额巨大并且占应纳税额百分之三十以上的,处三年以上七年以下有期徒刑,并处罚金。扣缴义务人采取前款所列手段,不缴或者少缴已扣、已收税款,数额较大的,依照前款的规定处罚。对多次实施前两款行为,未经处理的,按照累计数额计算。"根据法条内容可知,纳税人,也就是应当缴纳个人所得税的劳动者逃税的,视情节轻重会被判处一定年限的有期徒刑或拘役,并处罚金。扣缴义务人,也就是用人单位逃税的,依照纳税人逃税的情形处罚。用人单位多次实施逃税行为未被发现的,逃税金额累计计算。税务机关下达追缴通知的,纳税人应补缴应纳税款和滞纳金。

在上面的案例中,H公司通过私下发放工资的形式帮助员工逃避个人所得税的做法,实质上属于采用隐瞒手段不申报纳税的行为,符合逃税罪的构成要件。根据《刑法》第二百零一条第一款和第二款的规定,H公司的负责人会被法院判处一定期限的有期徒刑或拘役,H公司应缴纳一定数额的罚金。除此之外,H公司的职工还应补缴应纳税款和滞纳金。

法律依据

《中华人民共和国个人所得税法》

第二条 下列各项个人所得,应当缴纳个人所得税:

(一)工资、薪金所得;

……

第六条 应纳税所得额的计算:

（一）居民个人的综合所得，以每一纳税年度的收入额减除费用六万元以及专项扣除、专项附加扣除和依法确定的其他扣除后的余额，为应纳税所得额。

……

《中华人民共和国刑法》

第二百零一条 纳税人采取欺骗、隐瞒手段进行虚假纳税申报或者不申报，逃避缴纳税款数额较大并且占应纳税额百分之十以上的，处三年以下有期徒刑或者拘役，并处罚金；数额巨大并且占应纳税额百分之三十以上的，处三年以上七年以下有期徒刑，并处罚金。

扣缴义务人采取前款所列手段，不缴或者少缴已扣、已收税款，数额较大的，依照前款的规定处罚。

对多次实施前两款行为，未经处理的，按照累计数额计算。

有第一款行为，经税务机关依法下达追缴通知后，补缴应纳税款，缴纳滞纳金，已受行政处罚的，不予追究刑事责任；但是，五年内因逃避缴纳税款受过刑事处罚或者被税务机关给予二次以上行政处罚的除外。

第二百一十一条 单位犯本节第二百零一条、第二百零三条、第二百零四条、第二百零七条、第二百零八条、第二百零九条规定之罪的，对单位判处罚金，并对其直接负责的主管人员和其他直接责任人员，依照各该条的规定处罚。

> **风险预警**

（1）纳税是公民的法定义务，任何人都不能逃避纳税。

（2）用人单位作为扣缴义务人应依法及时申报纳税。

（3）用人单位通过私下发放工资帮助劳动者逃避个人所得税的行为，可能会构成逃税罪，将面临刑事处罚。

（4）逃税行为不仅会使用人单位面临刑事处罚，还会使用人单位面临行政处罚，最终影响企业形象和声誉，不利于企业的长远发展。

第 6 章

工作时间、休息休假规定与操作中的风险

33. 用人单位与员工签订"员工自愿服从单位加班安排"协议的，有什么风险？

对于劳动者，加班是不可避免的。加班非常辛苦，但可以增加劳动者的收入，提高领导对劳动者的认可度。如果用人单位安排劳动者加班，权衡利弊之下，劳动者一般都会选择加班。短期内的加班无可厚非，但是长期加班将对劳动者的身体健康甚至是生命造成严重威胁。对用人单位而言，经常要求劳动者加班，会降低员工的归属感、幸福感，并不利于单位的长远发展。所以，用人单位可以要求劳动者短期加班或偶尔加班，但不得要求劳动者过度加班，更不得强迫劳动者加班。

风险案例

▶ 公司因与劳动者约定"员工自愿服从单位加班安排"的条款而致赔偿

2020年7月1日，小潘入职甲公司，担任生产业务部经理。7月5日，双方签订书面劳动合同，在签订劳动合同时，小潘注意到，劳动合同内有"员工自愿服从单位加班安排"的条款。小潘对该条款略有不满，但考虑到薪资较高，就没多说什么。在甲公司工作的两年间，小潘的身体素质急速下降，失眠、焦虑、脱发、胃疼常伴其左右。究其原因，是两年间过度加班所致。甲公司经常安排小潘加班到深夜，却只是象征性地支付小潘一点加班费。加班搞垮了小潘的身体，公司却未做任何表示。小潘越想越生气，一气之下向当地劳动仲裁委员会提起了仲裁申请。庭审过程中，甲公司辩称，双方签订的劳动合同写得清清楚楚，小潘自愿服从加班，甲公司不该对其负责。

那么，甲公司的说法有法律依据吗？用人单位与劳动者签订"员工自愿服从单位加班安排"协议的，将面临什么风险？

案例解析

甲公司的说法没有法律依据。我国《劳动法》第四十一条规定："用人单位由于生产经营需要，经与工会和劳动者协商后可以延长工作时间，一般每日不得超过一小时；因特殊原因需要延长工作时间的，在保障劳动者身体健康的条件下延长工作时间每日不得超过三小时，但是每月不得超过三十六小时。"由此可知，用人单位可以安排劳动者加班，但应控制在法律允许的范围内，不得要求劳动者过度加班，且应事前征求工会和劳动者的意见。一般情况下,每日加班不得超过一小时,遇特殊情形,每日加班不得超过三小时,无论出现何种情况,劳动者每月加班合计不得超过三十六小时。除此之外,《劳动法》第九十条规定,"用人单位违反本法规定,延长劳动者工作时间的,由劳动行政部门给予警告,责令改正,并可以处以罚款"。

在上面的案例中,小潘经常加班到深夜,已严重超过了《劳动法》规定的加班时间。对于此种情形,甲公司将面临行政处罚的风险。此外,我国《劳动合同法》第八十五条第三项规定,用人单位安排加班不支付加班费的,由劳动行政部门责令限期支付劳动报酬、加班费或者经济补偿;劳动报酬低于当地最低工资标准的,应当支付其差额部分;逾期不支付的,责令用人单位按应付金额 50% 以上 100% 以下的标准向劳动者加付赔偿金。由此可知,甲公司没有按照法律规定足额支付小潘加班费,在劳动行政部门责令改正后,应及时足额支付,否则可能会被处以应付小潘加班费 50% 以上 100% 以下的赔偿金。因此,用人单位违法要求劳动者加班的,既会使自身面临行政处罚的风险,还将面临高额赔偿风险。

法律依据

《中华人民共和国劳动法》

第三十六条 国家实行劳动者每日工作时间不超过八小时、平均每周工作时间不超过四十四小时的工时制度。

第四十一条 用人单位由于生产经营需要,经与工会和劳动者协商后可以延长工作时间,一般每日不得超过一小时;因特殊原因需要延长工作时间的,在保障劳动者身体健康的条件下延长工作时间每日不得超过三小时,但是每月不得超过三十六小时。

第九十条 用人单位违反本法规定,延长劳动者工作时间的,由劳动行政部门给予警告,责令改正,并可以处以罚款。

《中华人民共和国劳动合同法》

第八十五条 用人单位有下列情形之一的,由劳动行政部门责令限期支付劳动报酬、加班费或者经济补偿;劳动报酬低于当地最低工资标准的,应当支付其差额部分;逾期不支付的,责令用人单位按应付金额百分之五十以上百分之一百以下的标准向劳动者加付赔偿金:

……

(三)安排加班不支付加班费的;

……

风险预警

(1)用人单位应在《劳动法》规定的时间范围内安排劳动者加班,否则可能会受到行政处罚。

(2)用人单位应按法律规定足额支付劳动者加班费,否则应向加班职工支付加班费50%以上100%以下的赔偿金。

(3)加班时间和加班报酬都有明确立法规定,劳资双方同意的加班制度并不一定符合法律规定,用人单位应依法制定加班制度。

34. 因员工拒绝加班而扣发其工资或奖金的，有什么风险？

加班并不是用人单位一方说了算的事，需要用人单位和劳动者协商，同时，还应当征求工会的意见和建议。用人单位没有权利单方安排劳动者加班，更没有权利强制或威胁劳动者加班。用人单位如果没有经过协商就要求劳动者加班，或强制、威胁劳动者加班，都是违反我国《劳动法》规定的。用人单位更不得因劳动者拒绝加班而扣发劳动者工资、奖金或解除劳动合同。否则，劳动者可以向当地劳动仲裁委员会申请仲裁，保护自己的合法权益。届时，用人单位必将承担违法安排加班的法律责任。

风险案例

▶ 用人单位因劳动者拒绝加班而扣发当月奖金和半个月工资，引起纠纷

小天是 B 公司的职工。某日，小天被值班长安排到门卫室加班，小天当即拒绝了值班长的加班要求。值班长因小天拒绝加班，对其严加批评。小天不服，和值班长理论，双方争执不下。后值班长利用自己的职位优势，对小天拒绝值班的行为进行了处罚，扣除了小天当月奖金和半个月工资，并对小天留厂察看一个月。小天不服值班长的处罚，找公司领导理论，没想到公司领导支持了值班长的做法，不仅未撤销值班长的错误处罚，还对小天横加指责。小天觉得自己很委屈，于是向当地劳动仲裁委员会申请仲裁，请求确认 B 公司对其扣发奖金和工资的处罚违法。

那么，小天的请求有法律依据吗？用人单位因员工拒绝加班而扣发其工资或奖金的，将面临什么风险？

> 案例解析

小天的请求有法律依据。我国《劳动合同法》第三十一条规定："用人单位应当严格执行劳动定额标准，不得强迫或者变相强迫劳动者加班。用人单位安排加班的，应当按照国家有关规定向劳动者支付加班费。"根据前述法条可知，用人单位无权强迫或变相强迫劳动者加班。《劳动法》第四十一条规定："用人单位由于生产经营需要，经与工会和劳动者协商后可以延长工作时间，一般每日不得超过一小时；因特殊原因需要延长工作时间的，在保障劳动者身体健康的条件下延长工作时间每日不得超过三小时，但是每月不得超过三十六小时。"由此可知，用人单位安排劳动者加班的，应和工会、劳动者协商，且加班时间不能超过劳动法的规定范围。除此之外，《劳动合同法》第八十五条规定："用人单位有下列情形之一的，由劳动行政部门责令限期支付劳动报酬、加班费或者经济补偿；劳动报酬低于当地最低工资标准的，应当支付其差额部分；逾期不支付的，责令用人单位按应付金额百分之五十以上百分之一百以下的标准向劳动者加付赔偿金：（一）未按照劳动合同的约定或者国家规定及时足额支付劳动者劳动报酬的；……"因此，无论劳动者是否同意加班，用人单位都不得因此扣发劳动者工资。用人单位扣发劳动者工资的，经劳动行政部门责令改正，应及时支付劳动者工资，否则应向劳动者支付差额部分 50% 以上 100% 以下的赔偿金。

在上面的案例中，B 公司要求小天加班，应和小天协商，若小天不同意加班，B 公司不得强制要求小天加班。B 公司因小天拒绝加班而扣发小天工资和奖金，应及时补发，否则应向小天支付差额部分 50% 以上100% 以下的赔偿金。按照法律规定，当地劳动仲裁委员会应当支持小天的仲裁请求，B公司不但不得因小天拒绝加班而扣发其工资奖金，还有可能因迟延发放员工工资而受到处罚。

法律依据

《中华人民共和国劳动合同法》

第三十一条　用人单位应当严格执行劳动定额标准，不得强迫或者变相强迫劳动者加班。用人单位安排加班的，应当按照国家有关规定向劳动者支付加班费。

第八十五条　用人单位有下列情形之一的，由劳动行政部门责令限期支付劳动报酬、加班费或者经济补偿；劳动报酬低于当地最低工资标准的，应当支付其差额部分；逾期不支付的，责令用人单位按应付金额百分之五十以上百分之一百以下的标准向劳动者加付赔偿金：

（一）未按照劳动合同的约定或者国家规定及时足额支付劳动者劳动报酬的；

……

《中华人民共和国劳动法》

第四十一条　用人单位由于生产经营需要，经与工会和劳动者协商后可以延长工作时间，一般每日不得超过一小时；因特殊原因需要延长工作时间的，在保障劳动者身体健康的条件下延长工作时间每日不得超过三小时，但是每月不得超过三十六小时。

风险预警

（1）用人单位安排劳动者加班的，应经劳动者同意。

（2）用人单位安排劳动者加班的，加班时间应当在法律允许范围内。

（3）用人单位因劳动者拒绝加班而扣发其工资、奖金等的，要及时补发，否则要向劳动者支付一定数额赔偿金。

35. 加班只安排补休，不支付加班费的，有什么风险？

由于生产经营需要，有些用人单位会要求员工在周末或节假日加班。加班会增加员工工作时间和工作量，所以，我国《劳动法》明确规定，用人单位安排劳动者加班的，应支付劳动者加班费。如果用人单位安排劳动者加班，却不给劳动者加班费，只安排补休的，劳动者是否可以拒绝？根据我国法律规定，用人单位可以以调休的方式代替加班费，但是在法定节假日安排职工加班的，只能支付加班费，不能以调休方式代替加班费。

风险案例

▶ 用人单位安排员工十一假期加班只安排补休，却不支付加班费

2021年5月15日，小陶入职F公司，任职发货员，主要负责网购

货物的包装和发货。每年国庆期间，F公司都会推出大型优惠满减活动，各种商品销售量都很高。为快速发货，避免客户退货或差评，F公司领导要求小陶在十一假期期间加班。假期过后，F公司让小陶休息七日，作为十一假期的补休，但并没有支付加班费。小陶以为，自己假期加班原本可以挣高工资，现在公司却不兑现，而且家人和朋友都已经开始上班了，自己这时再补休又有何意义呢？小陶拒绝补休，向公司领导索要加班费，公司领导却回复称，加班费没有，不接受补休，可以回来上班。

那么，F公司领导的说法有法律依据吗？劳动者加班只安排补休，不支付加班费的，用人单位将面临怎样的风险？

案例解析

F公司领导的说法没有法律依据。《劳动部关于贯彻执行〈中华人民共和国劳动法〉若干问题的意见》第七十条规定："休息日安排劳动者工作的，应先按同等时间安排其补休，不能安排补休的应按劳动法第四十四条第（二）项的规定支付劳动者延长工作时间的工资报酬。法定节假日（元旦、春节、劳动节、国庆节）安排劳动者工作的，应按劳动法第四十四条第（三）项支付劳动者延长工作时间的工资报酬。"根据法条内容可知，休息日安排劳动者加班的，可以以补休代替加班费；法定节假日安排劳动者加班的，应支付劳动者加班费，不得以补休为借口拒绝支付劳动者加班费。

除此之外，《劳动法》第四十四条规定："有下列情形之一的，用人单位应当按照下列标准支付高于劳动者正常工作时间工资的工资报酬：（一）安排劳动者延长工作时间的，支付不低于工资的百分之一百五十的工资报酬；（二）休息日安排劳动者工作又不能安排补休的，支付不低于工资的百分之二百的工资报酬；（三）法定休假日安排劳动者工作的，支付不低于工资的百分之三百的工资报酬。"因此，用人单位安排劳动者加班，延长劳动者工作时间的，应支付不低于工资 1.5 倍的加班费用；休息日安排劳动者加班的，可以补休，但不能安排补休的，应支付不低于工资 2 倍的加班费用；法定节假日安排劳动者加班的，应支付不低于工资 3 倍的加班费用。《劳动合同法》第八十五条规定："用人单位有下列情形之一的，由劳动行政部门责令限期支付劳动报酬、加班费或者经济补偿；劳动报酬低于当地最低工资标准的，应当支付其差额部分；逾期不支付的，责令用人单位按应付金额百分之五十以上百分之一百以下的标准向劳动者加付赔偿金：……（三）安排加班不支付加班费的；……" 由此可知，用人单位未支付劳动者加班费的，由劳动行政部门责令限期支付，否则应向劳动者支付应付金额 50% 以上 100% 以下的赔偿金。

在上面的案例中，F 公司安排小陶在十一假期加班，属于法定节假日安排劳动者加班，应支付小陶不低于工资 3 倍的加班费用，而不能以补休代替加班费。若 F 公司拒绝支付小陶加班费，应由劳动行政部门责令支付，如 F 公司还未及时支付小陶加班费，应向小陶额外支付应付金额 50% 以上 100% 以下的赔偿金。

法律依据

《中华人民共和国劳动合同法》

第八十五条　用人单位有下列情形之一的，由劳动行政部门责令限期支付劳动报酬、加班费或者经济补偿；劳动报酬低于当地最低工资标准的，应当支付其差额部分；逾期不支付的，责令用人单位按应付金额百分之五十以上百分之一百以下的标准向劳动者加付赔偿金：

……

（三）安排加班不支付加班费的；

……

《劳动部关于贯彻执行〈中华人民共和国劳动法〉若干问题的意见》

70.休息日安排劳动者工作的，应先按同等时间安排其补休，不能安排补休的应按劳动法第四十四条第（二）项的规定支付劳动者延长工作时间的工资报酬。法定节假日（元旦、春节、劳动节、国庆节）安排劳动者工作的，应按劳动法第四十四条第（三）项支付劳动者延长工作时间的工资报酬。

风险预警

（1）休息日安排员工加班的，可以以补休代替加班费。

（2）节假日安排员工加班的，必须按照法律规定发放加班费，不得以补休代替加班费。

（3）用人单位安排劳动者加班的，一定要合法合理安排，否则可能会因此承担赔偿责任。

36. 用人单位自主随意制定员工年休假标准的，有什么风险？

年休假制度是法律规定的对劳动者的福利待遇，劳动者在休假期间享受与正常工作期间相同的工资收入，体现了国家和企业对劳动者的关怀，有利于提升劳动热情。但在实践中，有些用人单位为提高单位产能往往出现随意制定员工年休假标准的情况，使得部分员工不能正常享有年休假，这种行为是违反法律规定的，不仅损害了员工的合法权益，同时也会给企业带来用工风险。因此，用人单位应当严格按照法律规定落实年休假制度，保障劳动者的合法权益，这也会给自己省去麻烦。

风险案例

▶ 公司因限定年休假规定而面临加倍支付工资风险

甲公司为一家建筑公司，张某自2019年1月起在该公司任职，双方签订了为期三年的劳动合同，日工资250元。2021年，甲公司业务量大增，为提高公司效益，甲公司公布了《员工年休假制度规定》，规定单位员工的年休假必须经本人在11月之前申请，若不申请则视为放弃年休假。然而，每年冬春季节，正是公司最为繁忙的时候，许多员工碍于工作量大或者领导压力而没有提出申请，张某就是其中之一。当时张某知道自己可以休假5天，便想休假回一趟老家，但是由于工作任务繁重，张某一时疏忽忘记在11月之前申请年休假。当他忙完工作时，都快到12月底了，他抱着试试看的态度，向公司提出了年休假申请，却遭到公司拒绝，理由是按照公司规定，已经视为张某放弃年休假。2022年1月，双方劳动合同到期，张某没有选择续签。经朋友提醒，张某在离职时要求甲公司按照法律规定支付2021年年休假工资2500元。

张某的要求是否有法律依据？用人单位随意制定员工年休假的标准，将面临怎样的风险？

案例解析

张某的要求是有法律依据的，甲公司应当承担支付其未休假补偿工资的责任。为保障劳动者休息休假的权利，调动劳动者工作积极性，我国《劳动法》第四十五条规定："国家实行带薪年休假制度。劳动者连续工作一年以上的，享受带薪年休假。具体办法由国务院规定。"因此，带薪休假是张某的正当权利，用人单位无权随意制定规定进行限制。《职工带薪年休假条例》对年休假制度进行了细化规定，其中第三条第一款规定："职工累计工作已满1年不满10年的，年休假5天；已满10年不满20年的，年休假10天；已满20年的，年休假15天。"第五条第三款规定："单位确因工作需要不能安排职工休年休假的，经职工本人同意，可以不安排职工休年休假。对职工应休未休的年休假天数，单位应当按照该职工日工资收入的300%支付年休假工资报酬。"安排职工休年休假是用人单位的法定义务，对于不能安排的需要经过职工本人的同意，并且应当支付三倍工资。上述案例中，张某因为甲公司的限制没有休年休假，因此，甲公司应当按照《职工带薪年休假条例》向张某支付日工资300%的年休假工资报酬。张某日平均工资为250元，应休年休假天数为5天，因此年休假工资应当为3750元（250元/天×5天×3），正常工作期间的工资为1250元（250元/天×5天），公司已经支付，因此尚欠付工资2500元（3750元-1250元），甲公司应当再向张某支付年休假工资 2500 元。

不安排职工休年假又不按照法律规定支付年休假工资的用人单位，将会受到相应的行政处罚，并承担赔偿责任。对此，《职工带薪年休假条例》第七条明确规定，单位不安排职工休年假又不依照本条例规定给予年休假工资报酬的，由县级以上地方人民政府人事部门或者劳动保障部门依据职权责令限期改正；对逾期不改正的，除责令该单位支付年休假工资报酬外，单位还应当按照年休假工资报酬的数额向职工加付赔偿金；对拒不支付年休假工资报酬、赔偿金的，属于公务员和参照公务员法管理的人员所在单位的，对直接负责的主管人员以及其他直接责任人员依法给予处分；属于其他单位的，由劳动保障部门、人事部门或者职工申请人民法院强制执行。因此，用人单位对于年休假标准的制定一定要符合法律规定，若无视法律将会给公司声誉带来不良影响，同时还会因三倍支付工资或者加付赔偿金而遭受损失，得不偿失。

法律依据

《中华人民共和国劳动法》

第四十五条 国家实行带薪年休假制度。

劳动者连续工作一年以上的，享受带薪年休假。具体办法由国务院规定。

《职工带薪年休假条例》

第二条 机关、团体、企业、事业单位、民办非企业单位、有雇工的个体工商户等单位的职工连续工作 1 年以上的，享受带薪年休假（以下简称年休假）。单位应当保证职工享受年休假。职工在年休假期间享受与正常工作期间相同的工资收入。

第三条 职工累计工作已满 1 年不满 10 年的，年休假 5 天；已满 10 年不满 20 年的，年休假 10 天；已满 20 年的，年休假 15 天。

国家法定休假日、休息日不计入年休假的假期。

第五条 单位根据生产、工作的具体情况，并考虑职工本人意愿，统筹安排职工年休假。

年休假在 1 个年度内可以集中安排，也可以分段安排，一般不跨年度安排。单位因生产、工作特点确有必要跨年度安排职工年休假的，可以跨 1 个年度安排。

单位确因工作需要不能安排职工休年休假的，经职工本人同意，可以不安排职工休年休假。对职工应休未休的年休假天数，单位应当按照该职工日工资收入的 300% 支付年休假工资报酬。

第七条 单位不安排职工休年休假又不依照本条例规定给予年休假工资报酬的，由县级以上地方人民政府人事部门或者劳动保障部门依据职权责令限期改正；对逾期不改正的，除责令该单位支付年休假工资报酬外，单位还应当按照年休假工资报酬的数额向职工加付赔偿金；对拒不支付年休假工资报酬、赔偿金的，属于公务员和参照公务员法管理的人员所在单位的，对直接负责的主管人员以及其他直接责任人员依法给予处分；属于其他单位的，由劳动保障部门、人事部门或者职工申请人民法院强制执行。

《企业职工带薪年休假实施办法》

第十条 用人单位经职工同意不安排年休假或者安排职工休假天数少于应休年休假天数的，应当在本年度内对职工应休未休年休假天数，按照其日工资收入的 300% 支付未休年休假工资报酬，其中包含用人单位支付职工正常工作期间的工资收入。

用人单位安排职工休年休假，但是职工因本人原因且书面提出不休年休假的，用人单位可以只支付其正常工作期间的工资收入。

风险预警

（1）用人单位应当按照法律规定安排劳动者休年休假，年休假天数以劳动者累计工作年限计算。

（2）用人单位不能安排劳动者休年休假的，要经过劳动者本人同意，且须支付其日工资收入的300%作为年休假工资报酬。

（3）用人单位既不安排年休假，又不按照法律规定支付工资的，将承担民事赔偿、行政处罚等责任。

（4）只有当劳动者本人书面提出不休年休假的，用人单位才可以只支付其正常工作期间的工资。

第 7 章

劳动安全与防护中的风险

37. 用人单位不提供劳动防护用品，而让劳动者自行购买的，有什么风险？

劳动防护用品可以避免劳动者在生产过程中发生烫伤、冻伤、中毒或发生机械致伤等危险，所以为了保护劳动者的健康和安全，特殊工种的劳动者需要在工作时使用劳动防护用品。劳动防护用品一般由用人单位提供，如果用人单位出于节约用工成本等目的，让劳动者自行购买防护用品，会有什么风险呢？

> 风险案例

▶用人单位拒绝为劳动者更换防护用品而导致劳动者冻伤住院

2022年3月27日，小辛入职甲公司，任职冷藏室管理员，双方签订了书面劳动合同。小辛的工作岗位决定了其必须长期处于零下20摄氏度的工作环境中，不论寒冬还是酷暑。第一天上班，甲公司负责人只发给小辛一件十分破旧的保暖工作服。该工作服已经破旧不堪，几乎没有御寒功能。于是小辛向甲公司负责人申请换一套新的防护服，但被负责人拒绝了。甲公司负责人告诉小辛，工作服虽然是旧的，但还可以用。如果小辛想使用新的防护服，需自行购买。迫于无奈，小辛选择穿着破旧的防护服工作，因防护服御寒功能很差，没几天，小辛身上就出现了多处皮肤组织严重冻伤的情形。4月15日，小辛再次向甲公司负责人申请更换新的防护服，甲公司负责人再次拒绝了他的申请。4月18日，小辛因在工作时突发头痛、呼吸急促、身体麻木被紧急送医。经诊断，小辛的上述病症皆因其长期处于极冷低温环境所致。4月30日，小辛出院。5月5日，小辛向当地劳动仲裁委员会申请仲裁，要求认定甲公司拒绝为自己提供劳动防护用品的行为违法，请求判令甲公司为自己提供新的劳动防护用品，并由甲公司承担相关费用。

那么，小辛的说法有法律依据吗？用人单位不提供劳动防护用品，而让劳动者自行购买的，将面临怎样的法律处罚？

案例解析

小辛的说法有法律依据。为保护劳动者的安全和健康，我国《劳动法》第五十四条规定："用人单位必须为劳动者提供符合国家规定的劳动安全卫生条件和必要的劳动防护用品，对从事有职业危害作业的劳动者应当定期进行健康检查。"《用人单位劳动防护用品管理规范》第四条规定："劳动防护用品是由用人单位提供的，保障劳动者安全与健康的辅助性、

第7章 劳动安全与防护中的风险

预防性措施，不得以劳动防护用品替代工程防护设施和其他技术、管理措施。"根据上述法条可知，为劳动者提供劳动防护用品是用人单位的法定义务，用人单位依法应当向劳动者提供劳动防护用品，而不应由劳动者自行购买。此外，《用人单位劳动防护用品管理规范》第六条规定："用人单位应当安排专项经费用于配备劳动防护用品，不得以货币或者其他物品替代。该项经费计入生产成本，据实列支。"由此可知，用人单位应设置劳动防护用品专项经费，用人单位无权让职工自行出资购买劳动防护用品。

在上面的案例中，小辛的工作环境是极度寒冷的冷藏室，为保护小辛的健康和安全，甲公司应为其提供符合国家职业卫生标准和卫生要求的劳动防护用品。用人单位为小辛提供的破旧的防护服已不具备御寒功能，所以用人单位应为小辛更换新的防护服，费用从用人单位劳动防护用品专项经费中扣除。

此外，用人单位拒绝为劳动者提供符合国家职业卫生标准和卫生要求的劳动防护用品的，还会受行政处罚。我国《劳动法》第九十二条规定："用人单位的劳动安全设施和劳动卫生条件不符合国家规定或者未向劳动者提供必要的劳动防护用品和劳动保护设施的，由劳动行政部门或者有关部门责令改正，可以处以罚款；情节严重的，提请县级以上人民政府决定责令停产整顿；对事故隐患不采取措施，致使发生重大事故，造成劳动者生命和财产损失的，对责任人员依照刑法有关规定追究刑事责任。"根据《职业病防治法》第七十二条第二项的规定，用人单位未提供职业病防护设施和个人使用的职业病防护用品，或者提供的职业病防护设施和个人使用的职业病防护用品不符合国家职业卫生标准和卫生要求的，由卫生行政部门给予警告，责令限期改正，逾期不改正的，处

5万元以上20万元以下的罚款；情节严重的，责令停止产生职业病危害的作业，或者提请有关人民政府按照国务院规定的权限责令关闭。由此可知，用人单位给劳动者提供的劳动防护用品不符合国家职业卫生标准和卫生要求的，相关行政部门视情节轻重，将给予用人单位责令改正、罚款、停业整顿等处罚，情形严重的，还会追究相关责任人员的刑事责任。

法律依据

《中华人民共和国劳动法》

第五十四条　用人单位必须为劳动者提供符合国家规定的劳动安全卫生条件和必要的劳动防护用品，对从事有职业危害作业的劳动者应当定期进行健康检查。

第九十二条　用人单位的劳动安全设施和劳动卫生条件不符合国家规定或者未向劳动者提供必要的劳动防护用品和劳动保护设施的，由劳动行政部门或者有关部门责令改正，可以处以罚款；情节严重的，提请县级以上人民政府决定责令停产整顿；对事故隐患不采取措施，致使发生重大事故，造成劳动者生命和财产损失的，对责任人员依照刑法有关规定追究刑事责任。

《用人单位劳动防护用品管理规范》

第四条　劳动防护用品是由用人单位提供的，保障劳动者安全与健康的辅助性、预防性措施，不得以劳动防护用品替代工程防护设施和其他技术、管理措施。

第六条　用人单位应当安排专项经费用于配备劳动防护用品，不得以货币或者其他物品替代。该项经费计入生产成本，据实列支。

《中华人民共和国职业病防治法》

第七十二条　用人单位违反本法规定，有下列行为之一的，由卫生行政部门给予警告，责令限期改正，逾期不改正的，处五万元以上二十万元以下的罚款；情节严重的，责令停止产生职业病危害的作业，或者提请有关人民政府按照国务院规定的权限责令关闭：

……

（二）未提供职业病防护设施和个人使用的职业病防护用品，或者提供的职业病防护设施和个人使用的职业病防护用品不符合国家职业卫生标准和卫生要求的；

……

风险预警

（1）提供劳动防护用品是用人单位的法定义务，用人单位无权要求劳动者自行购买。

（2）用人单位应设置劳动防护用品专项经费，据实列支。

（3）用人单位提供的劳动防护用品应符合国家职业卫生标准和卫生要求。

（4）用人单位拒绝为劳动者提供符合国家职业卫生标准和卫生要求的防护用品的，应受行政处罚，造成严重后果的，相关负责人还应负刑事责任。

38. 用人单位忽视特种作业人员持证上岗制度，聘用无证人员的，有什么风险？

特种作业即容易导致人员伤亡事故，对操作人员或他人可能造成重大危险的作业。特种作业包括电工作业、焊接与热切割作业、高处作业、煤矿安全作业等。特种作业人员的独特性在于其专业性、技术性，我国立法明确规定特种作业人员应持证上岗，但仍有一些企业出于降低用工成本的目的，聘用无证人员，导致安全事故频发。如果用人单位忽视特种作业人员持证上岗制度，聘用无证人员的，会有什么风险呢？

风险案例

▶ 用人单位聘用无证人员从事电工作业被行政处罚

2012年4月26日，小强通过网络得知S公司正在招聘电工，于是前去应聘。面试过程中，S公司负责人询问小强是否具有电工证，小强回答没有电工证，但从事电工作业十余年了，有丰富的实践经验，可以胜任电工工作。S公司负责人也认为，小强虽无电工证，但其有十多年的电工作业经验，应该可以胜任。而且本单位急需电工，小强可以立即上岗，解决S公司用工的燃眉之急。几经考虑过后，S公司负责人告诉小强，本单位电工人员的工资为月薪8000元，因其无电工证，只能给其每月6000元的薪资。小强同意了S公司负责人提的条件。2012年5月1日，小强入职S公司，双方签订了书面劳动合同。

2021年4月19日，当地应急管理部门接到举报，称S公司聘用无证人员从事电工作业。接到举报后，当地应急管理部门立即进行调查。

经查得知，小强在 S 公司无证从事电工作业九年。执法人员当即下达了处罚决定书：要求小强立即停止特种作业，并依法对该公司的行为作出了行政处罚。S 公司负责人辩称：虽然小强无证上岗，但工作的几年间并未出现安全操作事故，S 公司不应受处罚。

那么，S 公司负责人的说法有法律依据吗？用人单位忽视特种作业人员持证上岗制度，聘用无证人员的，将面临怎样的法律风险？

案例解析

S 公司负责人的说法没有法律依据。我国《安全生产法》第三十条第一款规定："生产经营单位的特种作业人员必须按照国家有关规定经专门的安全作业培训，取得相应资格，方可上岗作业。"根据法条可知，特种作业人员必须进行专业作业培训、取得相应资格才能上岗作业。具有多年的相关工作经验的人员，如果没有取得资质也是不能从事特种作业的。用人单位聘用无证人员从事特种作业的，应受行政处罚。对此，我国《安全生产法》第九十七条规定："生产经营单位有下列行为之一的，责令限期改正，处十万元以下的罚款；逾期未改正的，责令停产停业整顿，并处十万元以上二十万元以下的罚款，对其直接负责的主管人员和其他直接责任人员处二万元以上五万元以下的罚款：……（七）特种作业人员未按照规定经专门的安全作业培训并取得相应资格，上岗作业的。"

在上面的案例中，小强从事的是电工作业，属于特种作业。根据法律规定，特种作业必须具备相应资质，持证上岗。小强从事电工作业，应具备电工证，并持证上岗。S 公司为解用工之急以及节省用工成本，聘用小强从事电工作业，让小强无证上岗的行为违反了《安全生产法》的相关规定。即使小强在从事电工作业的数年间从未出过安全事故，S公司的行为仍属违法行为，相关行政部门有权对其行为作出行政处罚决定。

法律依据

《中华人民共和国安全生产法》

第三十条第一款 生产经营单位的特种作业人员必须按照国家有关规定经专门的安全作业培训，取得相应资格，方可上岗作业。

第九十七条 生产经营单位有下列行为之一的，责令限期改正，处十万元以下的罚款；逾期未改正的，责令停产停业整顿，并处十万元以上二十万元以下的罚款，对其直接负责的主管人员和其他直接责任人员处二万元以上五万元以下的罚款：

……

（七）特种作业人员未按照规定经专门的安全作业培训并取得相应资格，上岗作业的。

风险预警

（1）特种作业人员必须按照国家有关规定进行专门的安全作业培训，取得相应资格，才能上岗作业。

（2）用人单位不得聘用无证人员从事特种作业，否则应受行政处罚。造成严重后果的，相关负责人还可能负刑事责任。

（3）用人单位聘用无证人员从事特种作业存在极大的安全隐患，也将单位置于法律风险之中。

39. 用人单位忽视安全生产制度的建立与监督机制的，有什么风险？

近年来，我国的安全生产事故进一步减少，安全生产形势进一步好转，但安全生产隐患依旧很多。安全生产事故的发生往往都是由于安全思想不到位、安全生产责任未落实、安全防范措施不足、安全隐患排查不彻底等原因造成的。为了保护劳动者的生命健康和安全，守住安全生产底线，用人单位应建立安全生产制度，加强安全生产监管。如果用人单位忽视安全生产制度的建立与监督机制，会有什么风险呢？

风险案例

▶ 用人单位因未建立安全生产制度与监督机制而被行政处罚

2017年8月，小李创建了J公司，该公司主要经营煤矿开采和煤矿运输业务。J公司成立后，一直未建立安全生产责任制和监督机制，但小李每天都给员工开安全大会。2017年9月2日，小胡、小张等七人通过社会招聘入职J公司，任职煤矿开采员，双方签订了为期五年的劳动合同。2022年4月5日，小胡等人在进行清煤工作时，发生了安全生产事故，其中小张被工程设施砸伤，经抢救无效身亡。事故发生后，J公司积极组织现场救援，并按规定向当地安全监督局等相关行政部门进行了情况汇报。经查，J公司未按照《安全生产法》的相关规定制定安全生产制度与监督机制，公司内部安全责任未落实、安全监管不到位、安全防范不及时，最终造成了安全生产事故。行政部门当即对J公司负责人作出了行政处罚，对小李处以年收入40%的罚款。小李认为，虽然公司未建立安全生产责任制度与监督机制,但公司每日都会给员工开安全大会,所以,行政部门不能因J公司未建立安全生产责任制度与监督机制,而要求小李缴纳罚款。

那么,小李的说法有法律依据吗?用人单位忽视安全生产制度的建立与监督机制的,将面临怎样的法律风险?

案例解析

小李的说法没有法律依据。我国《安全生产法》第二十一条规定:"生产经营单位的主要负责人对本单位安全生产工作负有下列职责:(一)建立健全并落实本单位全员安全生产责任制,加强安全生产标准化建设;……"第二十二条规定:"生产经营单位的全员安全生产责任制应当明确各岗位的责任人员、责任范围和考核标准等内容。生产经营单位应当建立相应的机制,加强对全员安全生产责任制落实情况的监督考核,保证全员安全生产责任制的落实。"根据上述法条可知,建立本单位的安全生产责任制属于用人单位负责人的法定职责,安全生产责任制包括明确各岗位的责任人员、责任范围和考核标准等内容,仅是提醒劳动者注意安全的会议,不能代替安全生产责任制。

除此之外,用人单位应建立监督机制,确保安全生产责任制的贯彻落实。我国《安全生产法》第九十四条第一款、第二款规定:"生产经营单位的主要负责人未履行本法规定的安全生产管理职责的,责令限期改正,处二万元以上五万元以下的罚款;逾期未改正的,处五万元以上十万元以下的罚款,责令生产经营单位停产停业整顿。生产经营单位的主要负责人有前款违法行为,导致发生生产安全事故的,给予撤职处分;

构成犯罪的，依照刑法有关规定追究刑事责任。"该法第九十五条规定："生产经营单位的主要负责人未履行本法规定的安全生产管理职责，导致发生生产安全事故的，由应急管理部门依照下列规定处以罚款：（一）发生一般事故的，处上一年年收入百分之四十的罚款；（二）发生较大事故的，处上一年年收入百分之六十的罚款；（三）发生重大事故的，处上一年年收入百分之八十的罚款；（四）发生特别重大事故的，处上一年年收入百分之一百的罚款。"由此可知，用人单位负责人不履行安全生产管理职责，造成安全事故的，相关行政部门应撤销其职位，并根据事故等级对其处以一定数额的罚款。

在上面的案例中，小李属于 J 公司的主要负责人，其应根据《安全生产法》的相关规定建立安全生产制度。其虽每日给员工召开安全生产大会，但并不能因此免除其未建立安全生产制度的责任。J 公司未建立安全生产责任制度和监督机制，导致安全生产事故发生，小李依法应受行政处罚。根据《安全生产法》的相关规定，小李作为 J 公司负责人，应受撤职处分，并按年收入的 40% 缴纳罚款。

法律依据

《中华人民共和国安全生产法》

第二十一条　生产经营单位的主要负责人对本单位安全生产工作负有下列职责：

（一）建立健全并落实本单位全员安全生产责任制，加强安全生产标准化建设；

……

第二十二条 生产经营单位的全员安全生产责任制应当明确各岗位的责任人员、责任范围和考核标准等内容。

生产经营单位应当建立相应的机制，加强对全员安全生产责任制落实情况的监督考核，保证全员安全生产责任制的落实。

第九十四条 生产经营单位的主要负责人未履行本法规定的安全生产管理职责的，责令限期改正，处二万元以上五万元以下的罚款；逾期未改正的，处五万元以上十万元以下的罚款，责令生产经营单位停产停业整顿。

生产经营单位的主要负责人有前款违法行为，导致发生生产安全事故的，给予撤职处分；构成犯罪的，依照刑法有关规定追究刑事责任。

生产经营单位的主要负责人依照前款规定受刑事处罚或者撤职处分的，自刑罚执行完毕或者受处分之日起，五年内不得担任任何生产经营单位的主要负责人；对重大、特别重大生产安全事故负有责任的，终身不得担任本行业生产经营单位的主要负责人。

第九十五条 生产经营单位的主要负责人未履行本法规定的安全生产管理职责，导致发生生产安全事故的，由应急管理部门依照下列规定处以罚款：

（一）发生一般事故的，处上一年年收入百分之四十的罚款；

（二）发生较大事故的，处上一年年收入百分之六十的罚款；

（三）发生重大事故的，处上一年年收入百分之八十的罚款；

（四）发生特别重大事故的，处上一年年收入百分之一百的罚款。

> **风险预警**
>
> （1）用人单位应建立安全生产制度与监督机制。
> （2）建立安全生产责任制是用人单位负责人的法定职责。
> （3）用人单位主要负责人未履行安全生产管理职责导致发生事故的，应受行政处罚，甚至会被追究刑事责任。

40. 用人单位对本单位工作所可能产生的职业病未提出警示的，有什么风险？

2020年，国家卫生健康委组织开展了全国职业病危害现状统计调查，共调查正常运行的、从业人员10人及以上的工业企业282191家，从业人员2211.39万人。被调查企业中，存在一种及以上职业病危害因素的企业263723家，占总数的93.46%。被调查企业的从业人员中，接触职业病危害因素劳动者870.38万人，劳动者接害率为39.36%。[1]职业病危及劳动者健康和安全，也不利于社会经济发展，所以，职业病应提前预防。同时，为了保护劳动者的知情权，对于会产生职业病的工作岗位，用人单位应在签订劳动合同时予以警示和告知。如果用人单位对本单位工作所可能产生的职业病未提出警示的，有什么风险呢？

---

[1] 《全国职业病危害现状统计调查概况》，载中国政府网，http://www.nhc.gov.cn/zyjks/s3586s/202205/e391a7a3bdce44259a51d2782b9b2c60.shtml。

风险案例

▶ 用人单位因未对工作可能产生的职业病提出警示而被要求调换岗位

2022年1月16日，小明在网上看到甲公司正在招聘技术人员。小明提交了申请，并顺利通过了甲公司的初试、复试和面试。1月20日，甲公司为小明办理了入职手续，并给小明安排了为期一周的培训。培训过后，双方签订了为期五年的书面劳动合同。小明的工作是橡胶生产，开始工作后，小明才发现，其工作环境十分恶劣，车间充满了粉尘、丁二烯、正己烷、抽余油等危害人身安全的有害物质。考虑到应聘时人力资源部负责人未告知该岗位会面临的危害，且签订的劳动合同中也没有写明，小明向甲公司人力资源部负责人讨要说法，并要求人力资源部负责人为自己调换岗位。人力资源部负责人告诉小明，橡胶生产只是气味难闻，并不会对身体造成损害，并拒绝了小明的岗位调换申请。如果小明不服从岗位安排，双方只能解除劳动关系。小明认为，用人单位应对本单位工作所可能产生的职业病作出警示，因甲公司未作出上述警示，小明可以拒绝继续从事橡胶生产工作，且甲公司无权因此与自己解除劳动关系。

那么，小明的说法有法律依据吗？用人单位对本单位工作所可能产生的职业病未提出警示的，将面临怎样的法律风险？

案例解析

小明的说法有法律依据。为了保护劳动者的生命健康权和知情权，我国《劳动合同法》第八条规定，用人单位招用劳动者时，应当如实告知劳动者工作内容、工作条件、工作地点、职业危害、安全生产状况、劳动报酬，以及劳动者要求了解的其他情况。我国《职业病防治法》第三十三条第一款规定："用人单位与劳动者订立劳动合同（含聘用合同，下同）时，应当将工作过程中可能产生的职业病危害及其后果、职业病防护措施和待遇等如实告知劳动者，并在劳动合同中写明，不得隐瞒或者欺骗。"根据上述法条可知，将工作过程中可能产生的职业病危害、后果、防护措施等告知劳动者，这是用人单位在签订劳动合同时的法定告知义务，用人单位必须履行。如果用人单位不履行上述告知义务，又不同意为劳动者调换岗位的，劳动关系可以因此解除吗？我国《职业病防治法》第三十三条第三款规定："用人单位违反前两款规定的，劳动者有权拒绝从事存在职业病危害的作业，用人单位不得因此解除与劳动者所订立的劳动合同。"也就是说，用人单位未就职业病危害履行告知义务的，劳动者可以拒绝继续从事该工作，且用人单位不得因此解除劳动合同。换句话说，在此种情况下，用人单位只能为劳动者调换岗位。

在上面的案例中，甲公司人力资源部负责人应在招用小明时或与小明签订劳动合同时，履行职业病危害告知义务。甲公司负责人在未履行职业病危害告知义务的情况下，与小明签订劳动合同，损害了小明的知情权。劳动者因此拒绝继续从事存在职业病危害的工作的，用人单位不得解除劳动合同。所以，小明有权拒绝继续从事橡胶生产工作，并要求甲公司与自己协商为自己调换岗位。

除此之外，法律只规定，存在前述情形的，用人单位无权解除合同，但劳动者还是有权解除合同的。《劳动合同法》第二十六条第一款规定："下列劳动合同无效或者部分无效：……（三）违反法律、行政法规强制性规定的。"第三十八条规定："用人单位有下列情形之一的，劳动者可以解除劳动合同：……（五）因本法第二十六条第一款规定的情形致使劳动合同无效的；……"第四十六条规定："有下列情形之一的，用人单位应当向劳动者支付经济补偿：（一）劳动者依照本法第三十八条规定解除劳动合同的；……"第八十六条规定："劳动合同依照本法第二十六条规定被确认无效，给对方造成损害的，有过错的一方应当承担赔偿责任。"根据前述法条可知，用人单位违反法律、法规的强制性规定的，合同无效。劳动者可以依此解除合同，要求用人单位给付经济补偿并承担赔偿责任。本案中，如果小明不想继续履行和甲公司的劳动合同，其可以以甲公司违反法律规定的告知义务为由，主张劳动合同无效或解除劳动合同，并要求甲公司向自己支付经济补偿金，赔偿自己因此遭受的损失。

法律依据

《中华人民共和国劳动合同法》

第八条 用人单位招用劳动者时，应当如实告知劳动者工作内容、工作条件、工作地点、职业危害、安全生产状况、劳动报酬，以及劳动者要求了解的其他情况；用人单位有权了解劳动者与劳动合同直接相关的基本情况，劳动者应当如实说明。

第二十六条第一款 下列劳动合同无效或者部分无效：

……

（三）违反法律、行政法规强制性规定的。

第三十八条 用人单位有下列情形之一的，劳动者可以解除劳动合同：

……

（五）因本法第二十六条第一款规定的情形致使劳动合同无效的；

……

第四十六条 有下列情形之一的，用人单位应当向劳动者支付经济补偿：

（一）劳动者依照本法第三十八条规定解除劳动合同的；

……

第八十六条 劳动合同依照本法第二十六条规定被确认无效，给对方造成损害的，有过错的一方应当承担赔偿责任。

《中华人民共和国职业病防治法》

第三十三条第一款、第三款 用人单位与劳动者订立劳动合同（含聘用合同，下同）时，应当将工作过程中可能产生的职业病危害及其后果、职业病防护措施和待遇等如实告知劳动者，并在劳动合同中写明，不得隐瞒或者欺骗。

用人单位违反前两款规定的，劳动者有权拒绝从事存在职业病危害的作业，用人单位不得因此解除与劳动者所订立的劳动合同。

> **风险预警**
>
> （1）职业病危害告知义务是用人单位的法定义务，用人单位应对本单位工作所可能产生的职业病作出警示。
>
> （2）用人单位未履行职业病危害告知义务的，劳动者可以拒绝继续从事存在职业病危害的工作，且用人单位不得因此解除劳动合同。
>
> （3）用人单位未履行职业病危害告知义务的，劳动者可以主张劳动合同无效或解除劳动合同，并要求用人单位支付经济补偿金、赔偿损失。

41. 用人单位对患职业病职工不给予妥善安置和处理的，有什么风险？

现实生活中，很多劳动者缺乏自我保护意识，为了找工作、挣钱，忽视、容忍恶劣的工作环境。而恰好也有一些用人单位，受利益驱使，舍不得为员工提供安全劳动防护用具，更舍不得给员工花钱治病。如果劳动者患职业病，而用人单位无视法律、法规规定，对劳动者的职业病检查、治疗持消极态度的，患职业病劳动者应如何维护自身权益呢？用人单位对患职业病员工不给予妥善安置和处理的，会有什么风险呢？

风险案例

▶ 用人单位因未妥善安置和处理患职业病职工而被提起劳动仲裁

2012年3月1日，小张入职D公司，成了一名冶炼工人。自2015年起，小张经常感觉胸闷气短，经检查得知，小张患有矽肺一期合并结核，该病由小张的工作环境所致，属于职业病。2017年5月4日，小张因病不再上班，一直在进行治疗。2019年7月，经该地劳动能力鉴定委员会鉴定，小张的情况属于三级伤残。除小张外，D公司还有八名劳动者患有此病，八人全部住院治疗。患病初期，D公司还为他们拿钱治病，后期便不再理会。2021年1月，D公司停发了小张等九名患病职工的工资，也未支付岗位津贴。为此，九名职工一直找公司领导理论。2022年1月17日起，九人相继收到D公司的一次性安置补偿通知单，并让他们签字。通知单的主要内容是因劳动合同到期，双方解除劳动合同，D公司一次性补发所欠工资。通知单未提及治疗费和补偿金。小张认为，D公司的做法侵害了自己作为劳动者的权益，自己无法接受此种处理结果。于是小张去找D公司负责人理论，D公司负责人告诉他，通知单是领导层开会通过的，不签就不能拿钱。因双方协商不成，2022年10月26日，小张联系其他八名患病职工向当地劳动仲裁委员会提起仲裁申请，要求D公司继续履行劳动合同，为九名职工调换工作岗位，并补发工资、支付医药费和岗位津贴。

那么，九名患职业病职工的请求有法律依据吗？用人单位对患职业病职工不给予妥善安置和处理的，将面临怎样的法律风险？

案例解析

九名患职业病职工的请求有法律依据。首先，《职业病防治法》第五十六条规定："用人单位应当保障职业病病人依法享受国家规定的职业病待遇。用人单位应当按照国家有关规定，安排职业病病人进行治疗、康复和定期检查。用人单位对不适宜继续从事原工作的职业病病人，应当调离原岗位，并妥善安置。用人单位对从事接触职业病危害的作业的劳动者，应当给予适当岗位津贴。"第五十八条规定："职业病病人除依法享有工伤保险外，依照有关民事法律，尚有获得赔偿的权利的，有权向用人单位提出赔偿要求。"根据我国《劳动合同法》第四十二条第二项的规定，劳动者在本单位患职业病或者因工负伤并被确认丧失或者部分丧失劳动能力的，用人单位不得依照该法第四十条、第四十一条的规定解除劳动合同。根据该法第四十五条的规定，劳动合同期满，有该法第四十二条规定情形之一的，劳动合同应当续延至相应的情形消失时终止。由此可知，劳动者患职业病的，用人单位不得解除劳动合同；劳动合同期满的，应延续至劳动者患职业病的情形消失。

在上面的案例中，小张等九名职工患职业病，D公司应为小张等九名职工安排职业病治疗、康复和定期检查，费用由D公司承担。小张等九名患病职工依法享受工伤待遇，并有权就未获得的权利向D公司索赔。虽然D公司与九名患病职工的劳动合同已到期，但D公司不得解除劳动合同，劳动合同应延续至他们患职业病的情形消失时终止。既然D公司无权解除合同，小张等九名职工又患职业病无法继续在原岗位工作，D公司应为小张等九名患病职工调换岗位。除此之外，D公司应为九名患病职工补发工资和岗位津贴。

法律依据

《中华人民共和国职业病防治法》

第五十六条　用人单位应当保障职业病病人依法享受国家规定的职业病待遇。

用人单位应当按照国家有关规定，安排职业病病人进行治疗、康复和定期检查。

用人单位对不适宜继续从事原工作的职业病病人，应当调离原岗位，并妥善安置。

用人单位对从事接触职业病危害的作业的劳动者，应当给予适当岗位津贴。

第五十八条　职业病病人除依法享有工伤保险外，依照有关民事法律，尚有获得赔偿的权利的，有权向用人单位提出赔偿要求。

《中华人民共和国劳动合同法》

第四十二条 劳动者有下列情形之一的，用人单位不得依照本法第四十条、第四十一条的规定解除劳动合同：

……

（二）在本单位患职业病或者因工负伤并被确认丧失或者部分丧失劳动能力的；

……

第四十五条 劳动合同期满，有本法第四十二条规定情形之一的，劳动合同应当续延至相应的情形消失时终止。但是，本法第四十二条第二项规定丧失或者部分丧失劳动能力劳动者的劳动合同的终止，按照国家有关工伤保险的规定执行。

风险预警

（1）用人单位应为患职业病的职工办理职业病治疗、康复和定期检查等事项。

（2）劳动者患职业病的，用人单位无权解除劳动合同。

（3）劳动合同到期的，劳动合同的期限应延续至劳动者患职业病情形消失时终止。

（4）劳动者患职业病的，用人单位应为其调换岗位。

（5）患职业病的劳动者依法享受工伤保险待遇。

42. 用人单位领导强令劳动者冒险作业的，有什么风险？

劳动者在工作过程中，会面临许多不安全因素。对于不安全因素，如果不积极采取措施，就会危及劳动者的健康、安全甚至是生命，还会影响用人单位生产经营活动的正常进行。实际生活中，有部分用人单位为了追求片面利益，无视安全生产，强令劳动者冒险作业，对劳动者的生命健康和安全造成了巨大威胁，也给单位的长远发展埋下了隐患。如果用人单位负责人强令劳动者冒险作业的，有什么风险呢？

风险案例

▶ 用人单位领导因强令劳动者冒险作业而被要求解除劳动关系并支付经济补偿金

2020年7月13日，小李入职N建筑公司，工作是外立面装饰装修，双方签订了为期三年的劳动合同。2020年11月4日，小李被派去1号工地工作。2021年6月18日，1号工地所在地突遇台风天气，当地政府发布了台风红色预警，并要求停止所有户外活动和户外工作。N建筑公司项目管理人为赶工期，要求所有职工继续工作。小李认为，工地的施工设施已严重破损，顶着台风天气工作，极有可能发生事故。于是小李向N建筑公司项目负责人请示，等台风过后再继续工作。N建筑公司项目负责人完全听不进小李的建议，依旧要求所有职工立即恢复施工。出于安全考虑，包括小李在内的18名职工皆表示拒绝施工。N建筑公司项目负责人威胁大家，如果不立即恢复施工就扣除三个月的工资。听此言论，小李十分气愤，当场指责项目负责人忽视安全生产，置劳动者安全于不顾，

第 7 章 劳动安全与防护中的风险

并当即表示辞职，要求 N 建筑公司支付经济补偿金。N 建筑公司不同意小李的要求。于是小李便向当地仲裁机构提出了仲裁申请，请求解除小李与 N 建筑公司的劳动关系，要求 N 建筑公司向小李支付经济补偿金。

那么，小李的请求有法律依据吗？用人单位领导强令劳动者冒险作业的，将面临怎样的法律风险？

案例解析

小李的请求有法律依据。我国《劳动法》第五十六条规定："劳动者在劳动过程中必须严格遵守安全操作规程。劳动者对用人单位管理人员违章指挥、强令冒险作业，有权拒绝执行；对危害生命安全和身体健康的行为，有权提出批评、检举和控告。"《安全生产法》第五十四条规定："从业人员有权对本单位安全生产工作中存在的问题提出批评、检举、控告；有权拒绝违章指挥和强令冒险作业。生产经营单位不得因从业人员对本单位安全生产工作提出批评、检举、控告或者拒绝违章指挥、强令冒险作业而降低其工资、福利等待遇或者解除与其订立的劳动合同。"根据上述法条可知，对于生产作业过程中存在的安全问题，劳动者有权进行批评、控告和检举。用人单位通过降低工资、福利待遇或解除劳动合同等方式强令劳动者冒险作业的，劳动者有权拒绝。

除此之外，我国《劳动合同法》第三十八条第二款规定："用人单位以暴力、威胁或者非法限制人身自由的手段强迫劳动者劳动的，或者用人单位违章指挥、强令冒险作业危及劳动者人身安全的，劳动者可以立即解除劳动合同，不需事先告知用人单位。"第四十六条规定："有下列情形之一的，用人单位应当向劳动者支付经济补偿：（一）劳动者依照本法第三十八条规定解除劳动合同的；……"第八十八条第二项规定，用人单位违章指挥或者强令冒险作业危及劳动者人身安全的，依法给予行政处罚；构成犯罪的，依法追究刑事责任；给劳动者造成损害的，应当承担赔偿责任。由此可知，用人单位强令劳动者冒险作业的，劳动者可以立即解除劳动合同，并要求用人单位支付经济补偿金。用人单位因强令劳动者冒险作业的，还会受到行政处罚，甚至承担刑事责任。

在上面的案例中，小李从事的建筑行业属于高危险行业，N建筑公司应在确保劳动者安全的情况下组织施工。在施工设施损坏且遭遇台风天气的情况下，N建筑公司应立即停止施工。N建筑公司项目负责人以扣除三个月工资为由强令小李等人冒险作业时，小李等人有权拒绝。除此之外，小李等人可以据此解除与N公司的劳动合同，并要求N公司支付经济补偿金。

法律依据

《中华人民共和国劳动法》

第五十六条 劳动者在劳动过程中必须严格遵守安全操作规程。

劳动者对用人单位管理人员违章指挥、强令冒险作业，有权拒绝执行；对危害生命安全和身体健康的行为，有权提出批评、检举和控告。

《中华人民共和国安全生产法》

第五十四条 从业人员有权对本单位安全生产工作中存在的问题提出批评、检举、控告；有权拒绝违章指挥和强令冒险作业。

生产经营单位不得因从业人员对本单位安全生产工作提出批评、检举、控告或者拒绝违章指挥、强令冒险作业而降低其工资、福利等待遇或者解除与其订立的劳动合同。

《中华人民共和国劳动合同法》

第三十八条第二款　用人单位以暴力、威胁或者非法限制人身自由的手段强迫劳动者劳动的，或者用人单位违章指挥、强令冒险作业危及劳动者人身安全的，劳动者可以立即解除劳动合同，不需事先告知用人单位。

第四十六条　有下列情形之一的，用人单位应当向劳动者支付经济补偿：

（一）劳动者依照本法第三十八条规定解除劳动合同的；

……

第八十八条　用人单位有下列情形之一的，依法给予行政处罚；构成犯罪的，依法追究刑事责任；给劳动者造成损害的，应当承担赔偿责任：

……

（二）违章指挥或者强令冒险作业危及劳动者人身安全的；

……

风险预警

（1）用人单位强令劳动者冒险作业的，劳动者有权拒绝。

（2）用人单位强令劳动者冒险作业的，劳动者有权立即解除合同，并要求用人单位支付经济补偿金。

（3）用人单位强令劳动者冒险作业的，应受行政处罚，甚至承担刑事责任。

（4）用人单位强令劳动者冒险作业的，易产生重大安全事故。

第8章

工伤认定与申报中的风险

43. 用人单位不给员工购买工伤保险的，有哪些风险？

工伤保险又称职业伤害保险，是指通过社会统筹的办法，由用人单位缴纳工伤保险，建立工伤保险基金，对劳动者在生产经营活动中遭受的意外伤害或职业病，给予劳动者法定的医疗救治以及必要经济补偿的一种社会保障制度。由于职业危害的广泛性，任何劳动者都不能完全地不受其侵扰，因此工伤保险的适用范围应是所有参加社会劳动的劳动者。任何劳动者在劳动过程中受到损害，都应受到工伤保险的保护。也因此，法律明确规定用人单位应为劳动者缴纳工伤保险，但在实践过程中我们仍能发现大量的劳动者没有工伤保险。那么，用人单位不为劳动者购买工伤保险，将会存在怎样的风险？

第 8 章 工伤认定与申报中的风险

风险案例

▶ 企业不为劳动者缴纳工伤保险引发纠纷

2020 年 4 月，张某被聘为 H 建筑公司的资料员。在办理入职时，张某被告知新员工入职三年内，公司不为员工缴纳工伤保险。2021 年 9 月，张某在对接建筑工地负责人的路上遭遇车祸，造成小腿多处骨折并落下终身残疾。经当地有关机构鉴定，认定张某所遭受的伤害为工伤。由于治疗花销大、后期护理费用高，且日后行动不便，张某多次要求公司支付其一定的费用，但都被拒绝。2022 年 4 月，张某依法提起了劳动仲裁。那么，H 建筑公司将面临怎样的法律后果？

案例解析

根据我国《社会保险法》第三十三条、第三十五条的规定，用人单位必须依法参加工伤保险，并应按照本单位职工工资的总额，根据社会保险经办机构确定的费率缴纳工伤保险费。本案中，H 建筑公司采取的"新员工入职三年内不为其缴纳工伤保险"的做法，违反了上述法律规定，属于违法行为。为规范用人单位的此类行为，我国《社会保险法》第四十一条和《工伤保险条例》第六十二条规定了用人单位不为劳动者缴纳工伤保险的法律后果，即如果用人单位依照法律法规规定应当参加工伤保险而未参加的，应当及时补缴并支付滞纳金；如未按要求补缴的，将被处以欠缴数额一倍以上三倍以下的罚款。如该单位职工发生工伤事故的，用人单位应当支付工伤保险待遇，若该费用已经由工伤保险基金中先行支付的话，用人单位应予偿还，否则社会保险经办机构可以依法

163

追偿。

本案中，H建筑公司未为张某缴纳工伤保险，按照前述法律规定，应由H建筑公司承担支付工伤保险待遇的责任。张某在提起劳动仲裁后，还可以向当地劳动行政部门进行投诉举报，经相关部门核实认定，H建筑公司还需为张某补缴工伤保险并且支付滞纳金。若H建筑公司没有按照要求补缴的，将会面临相应的处罚。

法律依据

《中华人民共和国社会保险法》

第三十三条　职工应当参加工伤保险，由用人单位缴纳工伤保险费，职工不缴纳工伤保险费。

第三十五条　用人单位应当按照本单位职工工资总额，根据社会保险经办机构确定的费率缴纳工伤保险费。

第四十一条　职工所在用人单位未依法缴纳工伤保险费，发生工伤事故的，由用人单位支付工伤保险待遇。用人单位不支付的，从工伤保险基金中先行支付。

从工伤保险基金中先行支付的工伤保险待遇应当由用人单位偿还。用人单位不偿还的，社会保险经办机构可以依照本法第六十三条的规定追偿。

《工伤保险条例》

第六十二条　用人单位依照本条例规定应当参加工伤保险而未参加的，由社会保险行政部门责令限期参加，补缴应当缴纳的工伤保险费，并自欠缴之日起，按日加收万分之五的滞纳金；逾期仍不缴纳的，处欠缴数额 1 倍以上 3 倍以下的罚款。

依照本条例规定应当参加工伤保险而未参加工伤保险的用人单位职工发生工伤的，由该用人单位按照本条例规定的工伤保险待遇项目和标准支付费用。

用人单位参加工伤保险并补缴应当缴纳的工伤保险费、滞纳金后，由工伤保险基金和用人单位依照本条例的规定支付新发生的费用。

> **风险预警**
>
> （1）用人单位违反法律规定不为劳动者缴纳工伤保险的，应当补缴并支付滞纳金。
>
> （2）用人单位不按照补缴要求补缴工伤保险的，将面临一倍以上三倍以下补缴金额的罚款。
>
> （3）用人单位未依法为劳动者缴纳工伤保险费，发生工伤事故的，由用人单位支付相应的工伤保险待遇。

44. 用人单位与劳动者协议约定工伤概不负责的，有什么风险？

民法中的意思自治原则，是指在民事活动中，民事主体依照自己独立自由的意志完成民事法律关系的设立、变更和终止，不受国家权力和其他当事人的干预。其中隐含了民事主体对于基于自愿行为而发生的法律后果，应当自己承担责任的深意。由此，一些用人单位认为，只要劳动者自愿签订含有"工伤概不负责"条款的协议，便可以高枕无忧。其实不然，劳动关系因其特殊性，受《劳动合同法》《劳动法》等专门法律调整。用人单位的上述做法不仅不能免除自己责任，反而会为自己带来较高的风险。那么，用人单位与劳动者协议约定"工伤概不负责"的，会有怎样的风险？

风险案例

▶ 用人单位与劳动者约定"工伤概不负责"后被投诉

黄某2020年大学毕业后，进入B房产公司成了一名销售。B房产公司认为，日常的销售工作不会接触到危险因素，因此在与黄某的劳动合同中添加了"工伤概不负责"的条款。黄某刚出大学校门，急于找一份稳定的工作，在签订劳动合同时并未对此条款提出异议。2021年8月，黄某在上班期间接见客户时不慎摔倒，造成右手手臂骨折。由于治疗时间较长以及销售工作的特殊性，黄某在治疗期间无任何收入。黄某认为其在工作期间摔伤，公司应该给予一定的赔偿。但B房产公司认为，公司与黄某签订的劳动合同中有"工伤概不负责"的条款，且黄某自愿签字，因此拒绝了黄某的请求。2021年年底，黄某向劳动行政部门投诉举报，并提起了劳动仲裁。

第8章 工伤认定与申报中的风险

> 案例解析

意思自治原则是民法中的重要原则,但是其基础是平等原则。本案中,B房产公司与黄某,一个是用人单位,一个是劳动者,其地位天然地不对等,用人单位处于优势地位,而劳动者处于劣势地位。在不平等基础上的意思自治,由于根基的不牢靠显得摇摇欲坠,为避免此类情形出现进而损害劳动者的合法权益,我国劳动法作了特别调整。

根据我国《劳动合同法》第二十六条第一款第二项的规定,用人单位免除自己的法定责任、排除劳动者权利的,劳动合同无效或者部分无效。本案中,B房产公司的行为属于用人单位免除自己法定责任,排除劳动者权利的行为,即便是黄某自愿签订劳动合同的,该条款也应被认定为无效。黄某在工作期间受伤,根据《工伤保险条例》第十四条的规定,应当被认定为工伤,依法享受工伤保险待遇。而根据《社会保险法》第八十六条的规定,用人单位未按时足额缴纳社会保险费的,由社会保险费征收机构责令限期缴纳或者补足,并自欠缴之日起,按日加收万分之五的滞纳金;逾期仍不缴纳的,由有关行政部门处欠缴数额一倍以上三倍以下的罚款。《工伤保险条例》第六十二条第一款、第二款规定,用人单位依照本条例规定应当参加工伤保险而未参加的,由社会保险行政部门责令限期参加,补缴应当缴纳的工伤保险费,并自欠缴之日起,按日加收万分之五的滞纳金;逾期仍不缴纳的,处欠缴数额一倍以上三倍以下的罚款。依照本条例规定应当参加工伤保险而未参加工伤保险的用人单位职工发生工伤的,由该用人单位按照本条例规定的工伤保险待遇项目和标准支付费用。根据以上规定,B公司应为黄某缴纳工伤保险而未缴纳,将会由劳动行政部门责令其限期缴纳工伤保险,并支付相应滞纳金。如果 B 公司未按要求缴纳，将面临被处以欠缴金额一倍以上三倍以下的罚款的风险。同时，B 公司还应为黄某按照《工伤保险条例》规定的工伤保险待遇项目和标准支付费用。

法律依据

《中华人民共和国劳动合同法》

第二十六条　下列劳动合同无效或者部分无效：

……

（二）用人单位免除自己的法定责任、排除劳动者权利的；

……

《中华人民共和国社会保险法》

第八十六条　用人单位未按时足额缴纳社会保险费的，由社会保险费征收机构责令限期缴纳或者补足，并自欠缴之日起，按日加收万分之五的滞纳金；逾期仍不缴纳的，由有关行政部门处欠缴数额一倍以上三倍以下的罚款。

《工伤保险条例》

第十四条　职工有下列情形之一的，应当认定为工伤：

（一）在工作时间和工作场所内，因工作原因受到事故伤害的；

……

第六十二条　用人单位依照本条例规定应当参加工伤保险而未参加的，由社会保险行政部门责令限期参加，补缴应当缴纳的工伤保险费，并自欠缴之日起，按日加收万分之五的滞纳金；逾期仍不缴纳的，处欠缴数额 1 倍以上 3 倍以下的罚款。

依照本条例规定应当参加工伤保险而未参加工伤保险的用人单位职工发生工伤的,由该用人单位按照本条例规定的工伤保险待遇项目和标准支付费用。

用人单位参加工伤保险并补缴应当缴纳的工伤保险费、滞纳金后,由工伤保险基金和用人单位依照本条例的规定支付新发生的费用。

风险预警

(1) 用人单位与劳动者签订的诸如"工伤概不负责"等免除自己法定义务、排除劳动者权利的条款无效。

(2) 用人单位不为劳动者缴纳工伤保险,将面临支付工伤保险待遇的风险,以及被当地劳动行政部门处罚的风险。

45. 以未签订劳动合同为由不承认员工工伤的,有什么风险?

在工作期间,很多劳动者都存在因工作受伤的可能。一旦劳动者因工受伤,就会进行后续的工伤认定,要求享受工伤保险待遇。明确的劳动关系是工伤认定的必备条件之一,一般情形下,出具劳动合同才能进行工伤认定。如果劳动者未与用人单位签订劳动合同,且劳动者因工负伤的,用人单位往往会以此否认之间的劳动关系,影响劳动者的工伤认定。但是,用人单位是否可以以未签订劳动合同为由不承认员工工伤?这样做有什么风险?

风险案例

▶ 用人单位以未签订劳动合同为由拒绝承认劳动者工伤引发纠纷

2021年3月，小及创立了A甜品店，该甜品店属于个体工商户。2022年1月3日，小白经朋友介绍，到A甜品店做烘焙师。双方未签订劳动合同，但小白的工资一直按时发放。工作期间，A甜品店未给小白办理工伤保险，仅为其购买了意外伤害险。10月3日，小白在工作时不慎烫伤，经诊断，手掌及前臂深二度烧伤，面部、腹部浅二度烧伤。事故发生后，A甜品店支付了小白治疗期间的工资和意外伤害保险理赔款7000元，之后就告诉小白不用来上班了。小白认为，因工负伤应享受工伤保险待遇，自己为何没有呢？带着疑虑，小白前去劳动行政部门申请认定工伤，却被告知需要劳动关系证明。小白恍然大悟，便要求A甜品店为自己出具用工证明，遭到拒绝后，小白无奈向当地劳动仲裁委员会申请了仲裁，请求确认其与A甜品店存在劳动关系，支付双倍工资，并支付工伤费用。A甜品店辩称，双方未签订劳动合同，不存在劳动关系，小白的情况不属于工伤。

那么，A甜品店的说法有法律依据吗？用人单位以未签订劳动合同为由不承认员工工伤的，将面临怎样的法律风险？

案例解析

A甜品店的说法没有法律依据。首先，《劳动和社会保障部关于确立劳动关系有关事项的通知》第一条规定："用人单位招用劳动者未订立书面劳动合同，但同时具备下列情形的，劳动关系成立。（一）用人

第8章 工伤认定与申报中的风险

单位和劳动者符合法律、法规规定的主体资格；（二）用人单位依法制定的各项劳动规章制度适用于劳动者，劳动者受用人单位的劳动管理，从事用人单位安排的有报酬的劳动；（三）劳动者提供的劳动是用人单位业务的组成部分。"由此可知，即使未签订劳动合同，只要双方具备劳动主体资格、劳动者服从用人单位规章制度管理和安排、用人单位为劳动者发放工资且劳动者提供的劳动属于用人单位业务组成部分，即可认定双方存在劳动关系。其次，我国《工伤保险条例》第十四条规定："职工有下列情形之一的，应当认定为工伤：（一）在工作时间和工作场所内，因工作原因受到事故伤害的；……"由此可知，劳动者在工作时间和工作场所内，由于工作原因受伤的，属于工伤。最后，我国《工伤保险条例》第六十二条第一款、第二款规定，用人单位依照本条例规定应当参加工伤保险而未参加的，由社会保险行政部门责令限期参加，补缴应当缴纳的工伤保险费，并自欠缴之日起，按日加收万分之五的滞纳金；逾期仍不缴纳的，处欠缴数额一倍以上三倍以下的罚款。依照本条例规定应当参加工伤保险而未参加工伤保险的用人单位职工发生工伤的，由该用人单位按照本条例规定的工伤保险待遇项目和标准支付费用。根据法条内容可知，用人单位应为员工参加工伤保险而未参加的，责令限期参加。因未给劳动者参加工伤保险，劳动者发生工伤的，由用人单位依法支付相关工伤保险待遇费用。

在上面的案例中，A甜品店是个体工商户，具备用人单位主体资格。小白在A甜品店负责烘焙工作，服从A甜品店规章制度管理和工作安排，A甜品店为其发放工资，且用工方式连续稳定。综上，A甜品店与小白之间成立劳动关系。A甜品店应为其参加工伤保险，缴纳工伤保险费。小白在烘焙时受伤，属于在工作时间和工作场合内受伤，应认定为工伤。

A甜品店未为小白参加工伤保险，致使小白发生工伤后无法享受工伤保险待遇，A甜品店应按照《工伤保险条例》规定的工伤保险待遇项目和标准向小白支付费用。除此之外，我国《劳动合同法》第八十二条第一款规定："用人单位自用工之日起超过一个月不满一年未与劳动者订立书面劳动合同的，应当向劳动者每月支付二倍的工资。"因此，A甜品店应在用工之日起一个月内与小白签订书面劳动合同，但其一直未签订劳动合同，A甜品店应支付小白自用工之日起满一个月不满一年期间的双倍工资。

法律依据

《中华人民共和国劳动合同法》

第八十二条第一款　用人单位自用工之日起超过一个月不满一年未与劳动者订立书面劳动合同的，应当向劳动者每月支付二倍的工资。

《工伤保险条例》

第十四条　职工有下列情形之一的，应当认定为工伤：

（一）在工作时间和工作场所内，因工作原因受到事故伤害的；

……

第十八条第一款　提出工伤认定申请应当提交下列材料：

（一）工伤认定申请表；

（二）与用人单位存在劳动关系（包括事实劳动关系）的证明材料；

（三）医疗诊断证明或者职业病诊断证明书（或者职业病诊断鉴定书）。

第六十二条第一款、第二款　用人单位依照本条例规定应当参加工伤保险而未参加的,由社会保险行政部门责令限期参加,补缴应当缴纳的工伤保险费,并自欠缴之日起,按日加收万分之五的滞纳金;逾期仍不缴纳的,处欠缴数额1倍以上3倍以下的罚款。

依照本条例规定应当参加工伤保险而未参加工伤保险的用人单位职工发生工伤的,由该用人单位按照本条例规定的工伤保险待遇项目和标准支付费用。

风险预警

(1) 用人单位与劳动者未签订书面劳动合同,不影响劳动关系的成立。

(2) 用人单位应为员工参加工伤保险而未参加,员工遭受工伤的,用人单位要依照《工伤保险条例》的相关规定支付费用。

(3) 用人单位不能简单地认为未签订劳动合同就无须认定工伤,否则可能会遭受行政处罚并支付高昂的工伤赔偿费用。

46．用人单位不给受伤员工及时申报工伤的，有什么风险？

劳动者发生工伤后，用人单位应及时为员工申报工伤。法律规定了较短的工伤申报期限，短期的申报时限有利于督促用人单位及时向相关行政部门提出工伤认定申请，尽快收集与工伤相关的资料，及时保护劳动者权益。如果用人单位未及时给劳动者申报工伤认定，用人单位会面临哪些风险呢？

风险案例

▶ 用人单位因未为劳动者及时申报工伤而被要求赔偿

2020年8月29日，小刘通过社会招聘入职甲修车厂，任职汽车修理员。双方签订了书面劳动合同，甲修车厂依法为小刘参加了工伤保险。2022年2月4日，小刘在修车时不慎受伤，并于当日住院治疗。事故发生后，甲修车厂未及时为小刘申请工伤认定。4月10日，小刘亲自向当地工伤保险行政部门提出工伤认定申请。6月1日，工伤保险行政部门根据《工伤保险条例》的相关规定，对小刘作出了工伤认定，并向甲修车厂下达了《工伤认定决定书》。工伤保险经办机构根据相关规定支付了小刘部分工伤保险待遇，对未及时提出工伤认定期间产生的费用未予报销。小刘认为，甲修车厂应在自己受伤之日起及时向工伤保险行政部门申报工伤，甲修车厂未及时申报，才导致自己在工伤认定申请前发生的工伤医疗费未能报销，这部分费用应由甲修车厂支付。

那么，小刘的说法有法律依据吗？用人单位不给受伤员工及时申报工伤的，将面临怎样的法律风险？

第8章 工伤认定与申报中的风险

案例解析

小刘的说法有法律依据。为了督促用人单位及时为员工申报工伤，保护受伤员工的权益，根据我国《工伤保险条例》第十七条第一款、第二款、第四款的规定可知，职工发生工伤的，用人单位应在发生工伤之日起三十日内，向社会保险行政部门申请工伤认定，如遇有特殊情况，经社会保险行政部门同意的，可以适当延长期限。用人单位未及时为职工申报工伤的，不影响职工工伤认定。但是由于其申报不及时，在此期间发生的工伤待遇由用人单位承担。

在上面的案例中，小刘在2022年2月4日发生工伤，甲修车厂应在工伤发生之日起三十日内，向当地社会保险行政部门提出工伤认定申请。截至2022年4月10日，甲修车厂仍未申报，小刘可以自行向社会保险行政部门提出工伤认定申请。甲修车厂未及时为小刘申报工伤认定，导致小刘在提出工伤认定前的时间内产生的医疗费无法报销。对此，按照《工伤保险条例》第十七条的规定，甲修车厂未在三十日内提出工伤认定申请，事故发生后至申请前所产生的符合《工伤保险条例》规定的工伤待遇等相关费用由甲修车厂承担。

法律依据

《工伤保险条例》

第十七条 职工发生事故伤害或者按照职业病防治法规定被诊断、鉴定为职业病，所在单位应当自事故伤害发生之日或者被诊断、鉴定为职业病之日起30日内，向统筹地区社会保险行政部门提出工伤认定申请。

遇有特殊情况，经报社会保险行政部门同意，申请时限可以适当延长。

用人单位未按前款规定提出工伤认定申请的，工伤职工或者其近亲属、工会组织在事故伤害发生之日或者被诊断、鉴定为职业病之日起1年内，可以直接向用人单位所在地统筹地区社会保险行政部门提出工伤认定申请。

按照本条第一款规定应当由省级社会保险行政部门进行工伤认定的事项，根据属地原则由用人单位所在地的设区的市级社会保险行政部门办理。

用人单位未在本条第一款规定的时限内提交工伤认定申请，在此期间发生符合本条例规定的工伤待遇等有关费用由该用人单位负担。

风险预警

（1）用人单位应当自发生工伤之日起三十日内向社会保险行政部门提出工伤认定申请。

（2）用人单位未在规定的期限内申请工伤的，应承担事故发生后至申请前所产生的符合《工伤保险条例》规定的工伤待遇等相关费用。

47. 用人单位规定"走出公司大门发生的事故一律不算工伤"的，有什么风险？

工作场所与休息场所的不一致决定了大部分职工都要乘交通工具或步行上下班，走出公司大门在所难免。上下班途中，最重要的就是注意安全，毕竟危险因素无处不在，稍不注意可能就会发生危险。劳动者如果在上下班途中受伤的，是否属于工伤？用人单位可否以事故未发生在工作场所内而主张不属于工伤呢？这样做会有什么风险？

风险案例

▶ 因事故发生在公司外，用人单位拒绝承认工伤引发纠纷

2021年6月27日，小红通过朋友介绍进入A网络公司工作，双方签订了书面劳动合同。因A网络公司位于天津市南开区，小红家位于天津市河北区，所以小红每天都要骑电动车上下班。2022年7月19日，小红照常骑电动车上班，在途中被小黑驾驶的机动车撞伤，小红当即入院治疗。当地交警部门出具了事故认定报告书，认定此次交通事故因小黑超速所致，负事故全部责任，小红属于正常行驶，不负责任。8月5日，小红要求A网络公司向当地社会保险行政部门进行工伤认定申请，A网络公司拒绝了小红，理由是：公司规章制度写得很明确，"走出公司大门发生的事故一律不算工伤"。8月23日，小红自己申请了工伤认定。10月18日，当地社会保险行政部门认定小红本次事故受伤属于工伤。A网络公司收到工伤认定决定书后，认为公司明文规定，"走出公司大门发生的事故一律不算工伤"，所以小红的情况不应属于工伤。于是向当地法院起诉，请求撤销社会保险行政部门作出的工伤认定决定书。

那么，A网络公司的说法有法律依据吗？用人单位规定"走出公司大门发生的事故一律不算工伤"的，将面临怎样的法律风险？

案例解析

A网络公司的说法没有法律依据。根据《工伤保险条例》第十四条第六项的规定，职工在上下班途中，受到非本人主要责任的交通事故或者城市轨道交通、客运轮渡、火车事故伤害的，应当认定为工伤。用人单位关于"走出公司大门发生的事故一律不算工伤"的规定违反了《工伤保险条例》的相关规定，所以公司的此项规定无效。在上面的案例中，小红正常上下班途中发生交通事故，且交通运输部门出具了事故认定报告书，证明肇事司机负全部责任，根据上文之规定，A网络公司的这一规定制度因违法而归于无效，小红的情形应被认定为工伤。当地社会保险行政部门出具的工伤认定决定书正确，不会被撤销。

同时，《工伤保险条例》第十七条第一款、第四款规定：职工发生事故伤害或者按照《职业病防治法》规定被诊断、鉴定为职业病，所在单位应当自事故伤害发生之日或者被诊断、鉴定为职业病之日起三十日内，向统筹地区社会保险行政部门提出工伤认定申请。遇有特殊情况，经报社会保险行政部门同意，申请时限可以适当延长。用人单位未在前述规定的时限内提交工伤认定申请，在此期间发生符合本条例规定的工伤待遇等有关费用由该用人单位负担。根据上述立法规定可知，小红的情形属于工伤，A网络公司应在事故发生后三十日内向当地社会保险行政部门申请工伤认定，逾期未申请的，由A网络公司承担小红在事故发生后至申请前所产生的符合《工伤保险条例》规定的工伤待遇等相关费用。

法律依据

《工伤保险条例》

第十四条 职工有下列情形之一的，应当认定为工伤：

……

（六）在上下班途中，受到非本人主要责任的交通事故或者城市轨道交通、客运轮渡、火车事故伤害的；

……

第十七条第一款、第四款 职工发生事故伤害或者按照职业病防治法规定被诊断、鉴定为职业病，所在单位应当自事故伤害发生之日或者被诊断、鉴定为职业病之日起30日内，向统筹地区社会保险行政部门提出工伤认定申请。遇有特殊情况，经报社会保险行政部门同意，申请时限可以适当延长。

用人单位未在本条第一款规定的时限内提交工伤认定申请，在此期间发生符合本条例规定的工伤待遇等有关费用由该用人单位负担。

风险预警

（1）劳动者在正常上下班途中发生交通事故，且不负主要责任的，应认定为工伤。

（2）用人单位规定"走出公司大门发生的事故一律不算工伤"的，违反了法律的强制性规定，当属无效。

（3）用人单位应在事故发生后三十日内为工伤职工申请工伤认定，否则要承担事故发生后至申请前所产生的工伤待遇费用。

48. 用人单位规定休息期间所发生的事故一律不算工伤的，有什么风险？

一般而言，工伤认定需要具备三个要素，即工作场所、工作时间、工作原因。三要素看似简单，但实践中争议颇多。随着时代发展，用工形式逐渐多样化，这给工伤认定带来了更大的挑战。劳动者在工作时间、工作场所内因工作原因受伤的，毫无疑问属于工伤，但如果员工在休息时间受伤的，可以算作工伤吗？用人单位规定休息期间所发生的事故一律不算工伤的，有什么风险？

风险案例

▶ 因事故发生在休息期间，用人单位拒绝承认工伤引发纠纷

2020年7月1日，小庞入职S公司，任职人力资源管理岗，双方当即签订了书面劳动合同，并由S公司为其提供食宿。2022年4月26日早上，小庞和同事小李、小刘来到单位食堂就餐。饭后小庞觉得身体不舒服，于当日上午10点向S公司领导请假回宿舍休息。中午12点下班后，小李和小刘回到职工宿舍，因担心小庞，特意去了小庞宿舍。二人打开小庞宿舍的门，只见小庞面色发白，一动不动。二人当即拨打了120急救电话，医护人员赶到后，发现小庞呼吸、心跳已停止，瞳孔散大，早已没有了生命体征。S公司随即拨打了110报警电话，经警方查勘，小庞的死亡不属于他杀。6月27日，小庞的家属向当地人社局申请了工伤认定。人社局于8月9日作出了工伤认定决定。S公司不服，于9月2日，向当地人民政府申请行政复议，请求撤销人社局的工伤认定。S公司认

为：首先，S公司明文规定休息期间所发生的事故一律不算工伤。其次，小庞是在宿舍休息时死亡的，事故的发生既不在工作时间内，也不在工作岗位上。综上，不宜认定小庞的情形属于工伤。

那么，S公司的说法有法律依据吗？用人单位规定休息期间所发生的事故一律不算工伤的，将面临怎样的法律风险？

案例解析

S公司的说法没有法律依据。《工伤保险条例》第十五条规定："职工有下列情形之一的，视同工伤：（一）在工作时间和工作岗位，突发疾病死亡或者在48小时之内经抢救无效死亡的；……"根据法条内容可知，不论员工死亡前是否进行过抢救，认定工伤的关键都在于员工是在"工作时间和工作岗位"发病死亡。我们通常会将"工作时间和工作岗位"理解为上班时间和上班地点。但是，职工宿舍属于职工的休息场所，属于职工为完成工作所涉及的必要相关区域，所以，职工在上班时间请假回宿舍休息的，宿舍应视为职工工作岗位的合理延伸。

在上面的案例中，小庞于2022年4月26日上午10点左右在工作期间、工作岗位因身体不适向S公司领导请假回宿舍休息。当日中午12点左右发现其在宿舍死亡。上述事实有小李、小刘两位职工作证。除此之外，急救中心出具了小庞当日死亡的证明，公安机关出具了小庞是其他非正常死亡的证明。由于职工宿舍属于小庞为完成工作所必须涉及的场所，其可以视为"工作岗位"的合理延伸。根据《工伤保险条例》第十五条第一款第一项之规定，小庞的情形视同因工死亡。

S公司虽规定了休息期间所发生的事故一律不算工伤，但因其违反了《工伤保险条例》第十五条第一款第一项之规定，属于违法规定，当属无效。小庞在宿舍死亡属于工伤，S公司应为小庞办理工伤认定申请。《工伤保险条例》第三十九条第一款规定："职工因工死亡，其近亲属按照下列规定从工伤保险基金领取丧葬补助金、供养亲属抚恤金和一次性工亡补助金：（一）丧葬补助金为6个月的统筹地区上年度职工月平均工资；（二）供养亲属抚恤金按照职工本人工资的一定比例发给由因工死亡职工生前提供主要生活来源、无劳动能力的亲属。标准为：配偶每月40%，其他亲属每人每月30%，孤寡老人或者孤儿每人每月在上述标准的基础上增加10%。核定的各供养亲属的抚恤金之和不应高于因工死亡职工生前的工资。供养亲属的具体范围由国务院社会保险行政部门规定；（三）一次性工亡补助金标准为上一年度全国城镇居民人均可支配收入的20倍。"本案中，小庞因工死亡，S公司应及时向社会保险行政部门申请工伤认定，使小庞的近亲属获得法律规定的丧葬补助金、供养亲属抚恤金、一次性工亡补助金。

法律依据

《工伤保险条例》

第十五条 职工有下列情形之一的，视同工伤：

（一）在工作时间和工作岗位，突发疾病死亡或者在48小时之内经抢救无效死亡的；

……

第三十九条第一款 职工因工死亡，其近亲属按照下列规定从工伤保险基金领取丧葬补助金、供养亲属抚恤金和一次性工亡补助金：

（一）丧葬补助金为 6 个月的统筹地区上年度职工月平均工资；

（二）供养亲属抚恤金按照职工本人工资的一定比例发给由因工死亡职工生前提供主要生活来源、无劳动能力的亲属。标准为：配偶每月40%，其他亲属每人每月30%，孤寡老人或者孤儿每人每月在上述标准的基础上增加10%。核定的各供养亲属的抚恤金之和不应高于因工死亡职工生前的工资。供养亲属的具体范围由国务院社会保险行政部门规定；

（三）一次性工亡补助金标准为上一年度全国城镇居民人均可支配收入的 20 倍。

> **风险预警**
>
> （1）用人单位规定休息期间所发生的事故一律不算工伤的，属于违反《工伤保险条例》第十五条第一款第一项之规定，应认定无效。
>
> （2）职工宿舍属于劳动者为完成工作所必须涉及的场所，属于"工作岗位"的合理延伸。
>
> （3）劳动者在工作时间于职工宿舍发病身亡的，属于工伤。

第 9 章

女职工劳动保护规定中的风险

49. 安排怀孕女职工加班，有什么风险？

根据我国《女职工劳动保护特别规定》第六条之规定，女职工在孕期不能适应原劳动的，用人单位应当根据医疗机构的证明，予以减轻劳动量或者安排其他能够适应的劳动。对怀孕七个月以上的女职工，用人单位不得延长劳动时间或者安排夜班劳动，并应当在劳动时间内安排一定的休息时间。也就是说，对于怀孕女职工，用人单位应当予以减轻劳动量。尤其是孕晚期的女职工，用人单位不仅应减轻劳动量，还应当在劳动时间内为其安排一定的休息时间。由于女性职工的身体和生理原因，用人单位需要予以照顾。这既是法律的强制性规定，也是用人单位人文关怀的具体体现。用人单位如果违反上述规定，增强怀孕女职工工作量或者强迫其劳动的，轻则赔偿罚款，重则会因导致犯罪而被追究刑事责任。

第9章　女职工劳动保护规定中的风险

风险案例

▶ **用人单位安排怀孕女职工加班遭投诉**

苗某是一家重型农用机械公司的技术人员，在公司一直任劳任怨。2021年9月，苗某怀孕。2022年4月，由于农用机械到了需求旺季，公司订单激增，苗某所在部门领导要求全部技术人员每天加班至晚上9点，并在周六加班八小时。一开始，苗某还能坚持，后来因为身体越来越笨重，行动不便，再加上长时间的工作使其感到身体不适，于是她向部门领导反映，要求取消自己的加班。但是部门领导认为生产任务繁重，时间紧迫，仅准许苗某在加班一小时后休息一会儿。苗某的丈夫认为公司的做法太不近人情，遂向当地人力资源社会保障行政部门进行了投诉。

那么，该重型农用机械公司的做法合法吗？其安排苗某加班被投诉后，将面临哪些法律风险？

案例解析

女职工怀孕后，用人单位应适当减少其工作量并给予一定的人文关怀，如果用人单位要求怀孕女职工加班或者强迫其劳动的，属于违法行为，可能会面临相应的赔偿、罚款甚至是被追究刑事责任的风险。

根据我国《女职工劳动保护特别规定》第六条第二款的规定，对怀孕七个月以上的女职工，用人单位不得延长劳动时间或者安排夜班劳动，并应当在劳动时间内安排一定的休息时间。也就是说，对于怀孕七个月以上的女职工，其休息休假的权利受到法律的特别保护，用人单位不能延长其工作时间，反而应当予以特别照顾。在本案中，苗某于2021年

9月怀孕，至2022年4月其怀孕已经七个月，属于孕晚期妇女，符合上述条文规定的情形，其所在公司应当同意苗某的申请，减轻其劳动量。

在实践中，有些企业为了简化管理，有些怀孕妇女并不清楚自己的法律权益，导致经常出现孕期女职工加班的现象。此种情况下，用人单位将会承担什么法律责任呢？根据我国《劳动法》第九十五条的规定，用人单位违反本法对女职工和未成年工的保护规定，侵害其合法权益的，由劳动行政部门责令改正，处以罚款；对女职工或者未成年工造成损害的，应当承担赔偿责任。《女职工劳动保护特别规定》第十三条第一款规定，用人单位违反本规定第六条第二款、第七条、第九条第一款规定的，由县级以上人民政府人力资源社会保障行政部门责令限期改正，按照受侵害女职工每人1000元以上5000元以下的标准计算，处以罚款。该法第十五条规定，用人单位违反本规定，侵害女职工合法权益，造成女职工损害的，依法给予赔偿；用人单位及其直接负责的主管人员和其他直接责任人员构成犯罪的，依法追究刑事责任。本案中，苗某的部门领导在明知苗某处于孕晚期的情况下，仍旧坚持让苗某加班，其行为违反了上述法律规定，将面临赔偿损失、交付罚款的法律后果。如果部门领导强迫苗某加班，该用人单位及部门领导的行为涉嫌强迫劳动犯罪，将会被追究刑事责任。

法律依据

《中华人民共和国劳动法》

第六十一条 不得安排女职工在怀孕期间从事国家规定的第三级体力劳动强度的劳动和孕期禁忌从事的劳动。对怀孕七个月以上的女职工，不得安排其延长工作时间和夜班劳动。

第九十五条 用人单位违反本法对女职工和未成年工的保护规定，侵害其合法权益的，由劳动行政部门责令改正，处以罚款；对女职工或者未成年工造成损害的，应当承担赔偿责任。

《女职工劳动保护特别规定》

第六条 女职工在孕期不能适应原劳动的，用人单位应当根据医疗机构的证明，予以减轻劳动量或者安排其他能够适应的劳动。

对怀孕7个月以上的女职工，用人单位不得延长劳动时间或者安排夜班劳动，并应当在劳动时间内安排一定的休息时间。

怀孕女职工在劳动时间内进行产前检查，所需时间计入劳动时间。

第十三条第一款 用人单位违反本规定第六条第二款、第七条、第九条第一款规定的，由县级以上人民政府人力资源社会保障行政部门责令限期改正，按照受侵害女职工每人1000元以上5000元以下的标准计算，处以罚款。

第十四条 用人单位违反本规定，侵害女职工合法权益的，女职工可以依法投诉、举报、申诉，依法向劳动人事争议调解仲裁机构申请调解仲裁，对仲裁裁决不服的，依法向人民法院提起诉讼。

第十五条 用人单位违反本规定，侵害女职工合法权益，造成女职工损害的，依法给予赔偿；用人单位及其直接负责的主管人员和其他直接责任人员构成犯罪的，依法追究刑事责任。

> **风险预警**

（1）用人单位侵害女职工合法权益的，女职工可以依法投诉、举报、申诉、申请仲裁、提起诉讼。

（2）用人单位不得要求怀孕七个月以上的女职工延长劳动时间或者安排夜班劳动，否则对其权益造成损害的，用人单位需承担相应的赔偿责任。

（3）用人单位违法安排孕期女职工劳动的，将会被责令限期改正，甚至受到罚款等行政处罚。

（4）用人单位强迫怀孕女职工劳动，可能会触犯我国《刑法》关于强迫劳动罪的相关法律规定，面临刑事追诉。

50. 安排哺乳期女职工值夜班，有什么风险？

哺乳期妇女承担着哺育后代的重任，妇女生产前后，身体、心理都承受着非常大的压力，需要良好的休息。对此，我国法律赋予妇女在哺乳期间享有休息休假的权利，呼吁更多的社会人士和组织关心哺乳期妇女的身心健康。但在实践中，我们仍能发现有妇女在哺乳期超负荷工作甚至从事夜班劳动。那么，如果用人单位安排哺乳期女职工参加夜班劳动，将会面临怎样的风险呢？

第 9 章 女职工劳动保护规定中的风险

风险案例

▶企业安排哺乳期女职工夜班劳动受处罚

张某是一家建筑公司的投标人员，工作上进，公司经常安排其加夜班，张某对此也不曾有怨言。2021年12月，张某生了一名女婴，在家休养一段时间后便回到了公司继续上班。由于招投标工作繁忙，经常要加夜班，2022年4月，张某以还在哺乳期为由请求部门主管为其调换岗位，但该主管认为人手不够而拒绝了张某的请求，仍旧安排张某加夜班。同年5月，不堪忍受加班压力的张某向当地劳动行政部门投诉举报公司。同年6月，当地劳动行政部门对该公司处以4000元人民币的罚款。

案例解析

我国《劳动法》第六十三条规定："不得安排女职工在哺乳未满一周岁的婴儿期间从事国家规定的第三级体力劳动强度的劳动和哺乳期禁忌从事的其他劳动，不得安排其延长工作时间和夜班劳动。"本案中，张某2021年12月生完孩子，直至2022年4月与公司产生纠纷，张某女儿未满1周岁，张某仍处在哺乳期。张某所在的建筑公司部门主管在明知张某处于哺乳期的情况下，仍旧安排张某参加夜班劳动，其行为已经违反了《劳动法》第六十三条的规定。同时，根据本法第九十五条的规定，用人单位违反本法对女职工和未成年工的保护规定，侵害其合法权益的，由劳动行政部门责令改正，处以罚款；对女职工或者未成年工造成损害的，应当承担赔偿责任。也就是说，该建筑公司将面临被罚款的风险，而具体罚款金额则根据我国《女职工劳动保护特别规定》第十三条第一款规定，由县级以上人民政府人力资源社会保障行政部门责令限期改正，按照受侵害女职工每人 1000 元以上 5000 元以下的标准进行罚款。本案中，该建筑公司由于安排哺乳期女职工加夜班不仅被处以 4000 元人民币罚款，也因此失去了一名优秀上进的好员工。

法律依据

《中华人民共和国劳动法》

第六十三条　不得安排女职工在哺乳未满一周岁的婴儿期间从事国家规定的第三级体力劳动强度的劳动和哺乳期禁忌从事的其他劳动，不得安排其延长工作时间和夜班劳动。

第九十五条　用人单位违反本法对女职工和未成年工的保护规定，侵害其合法权益的，由劳动行政部门责令改正，处以罚款；对女职工或者未成年工造成损害的，应当承担赔偿责任。

《女职工劳动保护特别规定》

第九条　对哺乳未满 1 周岁婴儿的女职工，用人单位不得延长劳动时间或者安排夜班劳动。

用人单位应当在每天的劳动时间内为哺乳期女职工安排 1 小时哺乳时间；女职工生育多胞胎的，每多哺乳 1 个婴儿每天增加 1 小时哺乳时间。

第十三条第一款　用人单位违反本规定第六条第二款、第七条、第九条第一款规定的，由县级以上人民政府人力资源社会保障行政部门责令限期改正，按照受侵害女职工每人 1000 元以上 5000 元以下的标准计算，处以罚款。

风险预警

（1）用人单位应当为哺乳期女职工安排适当的哺乳时间。

（2）用人单位安排哺乳期女职工从事重劳动或哺乳期禁忌从事的劳动，安排其加班或值夜班的，将会面临被劳动行政部门处罚的法律风险。

（3）用人单位安排哺乳期女职工从事重劳动或哺乳期禁忌从事的劳动，安排其加班或值夜班对女职工造成损害的，应当承担相应的赔偿责任。

（4）用人单位侵害职工权益，尤其是哺乳期女职工权益的，员工向心力可能会因此减弱。

51. 安排女职工从事女职工禁忌从事的劳动工作，有什么风险？

女性在生理上的特点使其天然地不能适应某些高强度、高危险的工作，劳动条件差及相应的职业危害会损害妇女的健康。比如，矿山井下作业因其劳动环境差，条件艰苦，危险因素众多，劳动强度大，不适合女性职工工作。为了保证女职工的生命健康安全，国家劳动法对此作了明确的禁止规定。如果用人单位非法安排女职工从事此类劳动，将会面临怎样的风险呢？

风险案例

▶ 用人单位安排女职工从事矿下工作遭举报

韩某本是一家煤矿公司的矿上业务员。2022年8月，韩某的丈夫因病离世，韩某独自一人承担起抚养两个孩子的重任。韩某觉得业务员工资低难以维持家用，就请求公司领导为其调换至工资水平较高的矿下工作。领导考虑到韩某吃苦耐劳，家庭情况艰难，加之矿井下的岗位严重缺人，就同意了韩某的请求。同年10月，韩某所在的煤矿公司遭人举报称，存在安排女性职工从事矿下作业的情况。相关部门到现场核查属实，随后对该煤矿公司处以罚款。

案例解析

出于对女性职工权益的保护，法律严禁聘用女性职工从事其禁忌从事的工种，若用人单位安排女职工从事矿下工作或其他禁忌性工作，可能会面临赔偿罚款等风险，严重的可能会被追究刑事责任。

我国《劳动法》第五十九条规定："禁止安排女职工从事矿山井下、国家规定的第四级体力劳动强度的劳动和其他禁忌从事的劳动。"本案中，煤矿公司安排女职工韩某从事矿下工作的行为属于本条明确禁止女职工从事的工种，该单位的行为违反了我国《劳动法》的规定。值得注意的是，即便是女性员工自愿，单位也不得为其安排矿下工作。为更好地规范单位用工行为，《劳动法》第九十五条，《女职工劳动保护特别规定》第四条、第十三条、第十四条、第十五条还规定了用人单位违反前述规定所产生的法律后果。用人单位如出现上述情形将面临被处以罚款、责令停止作业、责令关闭等风险。本案中，煤矿公司便是被人举报而被处罚的。按照法律规定，该煤矿公司将会承担按要求改正和按照受侵害女职工每人 1000 元以上 5000 元以下的标准计算罚款的行政责任。此外，如果韩某因从事矿下工作的行为而遭受损害，该煤矿公司还应当承担相应的赔偿责任。如果该煤矿公司是强迫韩某从事矿下作业，将会被追究相应的刑事责任。总之，企业安排女职工从事矿下作业或其他女性职工禁忌从事的工作的行为，不仅会承担经济上的损失，也会遭受名誉上的打击。

法律依据

《中华人民共和国劳动法》

第五十九条 禁止安排女职工从事矿山井下、国家规定的第四级体力劳动强度的劳动和其他禁忌从事的劳动。

第九十五条 用人单位违反本法对女职工和未成年工的保护规定，侵害其合法权益的，由劳动行政部门责令改正，处以罚款；对女职工或者未成年工造成损害的，应当承担赔偿责任。

《女职工劳动保护特别规定》

第四条 用人单位应当遵守女职工禁忌从事的劳动范围的规定。用人单位应当将本单位属于女职工禁忌从事的劳动范围的岗位书面告知女职工。

女职工禁忌从事的劳动范围由本规定附录列示。国务院安全生产监督管理部门会同国务院人力资源社会保障行政部门、国务院卫生行政部门根据经济社会发展情况，对女职工禁忌从事的劳动范围进行调整。

第十三条第二款 用人单位违反本规定附录第一条、第二条规定的，由县级以上人民政府安全生产监督管理部门责令限期改正，按照受侵害女职工每人1000元以上5000元以下的标准计算，处以罚款。用人单位违反本规定附录第三条、第四条规定的，由县级以上人民政府安全生产监督管理部门责令限期治理，处5万元以上30万元以下的罚款；情节严重的，责令停止有关作业，或者提请有关人民政府按照国务院规定的权限责令关闭。

第十四条 用人单位违反本规定，侵害女职工合法权益的，女职工可以依法投诉、举报、申诉，依法向劳动人事争议调解仲裁机构申请调解仲裁，对仲裁裁决不服的，依法向人民法院提起诉讼。

第十五条 用人单位违反本规定，侵害女职工合法权益，造成女职工损害的，依法给予赔偿；用人单位及其直接负责的主管人员和其他直接责任人员构成犯罪的，依法追究刑事责任。

《女职工禁忌从事的劳动范围》

一、女职工禁忌从事的劳动范围：

（一）矿山井下作业；

（二）体力劳动强度分级标准中规定的第四级体力劳动强度的作业；

（三）每小时负重6次以上、每次负重超过20公斤的作业，或者间断负重、每次负重超过25公斤的作业。

风险预警

（1）用人单位安排女职工从事矿山井下等超强度劳动和其他禁忌从事的劳动的，将面临被罚款、责令停止作业、责令关闭等风险；对女职工造成损害的，应承担相应的赔偿责任；涉嫌犯罪的，将被依法追究刑事责任。

（2）即便女职工自愿，用人单位也不得安排女职工从事矿山井下、国家规定的第四级体力劳动强度的劳动和其他禁忌从事的劳动。

（3）用人单位应明确女职工禁忌从事的劳动范围。

第 10 章

劳动争议处理中的风险

52. 用人单位对是否属于劳动争议认识不足的，有什么风险？

近几年，劳动争议案件层出不穷，劳动争议逐渐成了一个热点话题。那么，什么是劳动争议？明确劳动争议对用人单位有何意义？ 通常认为，劳动争议是用人单位和劳动者之间产生的纠纷，但劳动争议极具复杂性和多样性，用人单位和劳动者之间产生的所有纠纷都属于劳动争议吗？在实际用工中，很多用人单位和劳动者对劳动争议的认识都不太全面。那么，用人单位对是否属于劳动争议认识不足的，有什么风险呢？

风险案例

▶ 用人单位因不清楚劳动争议范围而导致权益受损

2019 年 6 月，小白大学毕业。2019 年 8 月 4 日，小白入职 A 科技有限公司，双方签订了为期三年的书面劳动合同。在签订劳动合同时，A科技有限公司的人力资源管理负责人告诉小白，其还需再签一份《补充协议》。补充协议的大致内容为：为了保护A科技有限公司的商业秘密，要求小白在离开A科技有限公司后五年内不得到从事同类业务的企业工作。未经A科技有限公司书面允许，小白不得利用A科技有限公司的技术从事同类工作，A科技有限公司每个月给小白3000元补偿金。违反上述规定的，小白应赔偿A科技有限公司5万元。2022年8月4日，劳动合同到期，双方未续签劳动合同。因B科技有限公司工资福利待遇优越，8月15日，小白进入B科技有限公司工作。小白来到B科技有限公司后，利用从A科技有限公司学到的技术从事新的工作，不久就被A科技有限公司得知，并获取了相关证据。用人单位以为，因补充协议未规定在劳动合同内，所以该纠纷可能属于民事纠纷。考虑到打官司费用很高又费时费力，A科技有限公司就想与小白私下解决。最终双方协商一致，小白赔付A科技有限公司2万元。

那么，A科技有限公司对劳动争议的认识正确吗？其有法律依据吗？用人单位不清楚劳动争议范围的，会面临什么风险？

案例解析

A科技有限公司对劳动争议的认识不正确。我国《劳动争议调解仲裁法》第二条规定："中华人民共和国境内的用人单位与劳动者发生的下列劳动争议，适用本法：（一）因确认劳动关系发生的争议；（二）因订立、履行、变更、解除和终止劳动合同发生的争议；（三）因除名、辞退和辞职、离职发生的争议；（四）因工作时间、休息休假、社会保险、福利、培训以及劳动保护发生的争议；（五）因劳动报酬、工伤医疗费、经济补偿或者赔偿金等发生的争议；（六）法律、法规规定的其他劳动争议。"根据上述法条可知，劳动争议主要包括：因劳动关系发生的纠纷，因劳动合同发生的纠纷，因辞职、离职、辞退、除名发生的纠纷，因工作时间、休息休假、保险福利等发生的纠纷，因劳动报酬、医疗费、补偿金、赔偿金发生的纠纷，还有法律法规规定的其他纠纷。

除此之外，《最高人民法院关于审理劳动争议案件适用法律问题的解释（一）》第一条规定："劳动者与用人单位之间发生的下列纠纷，属于劳动争议，当事人不服劳动争议仲裁机构作出的裁决，依法提起诉讼的，人民法院应予受理：（一）劳动者与用人单位在履行劳动合同过程中发生的纠纷；（二）劳动者与用人单位之间没有订立书面劳动合同，但已形成劳动关系后发生的纠纷；（三）劳动者与用人单位因劳动关系是否已经解除或者终止，以及应否支付解除或者终止劳动关系经济补偿金发生的纠纷；（四）劳动者与用人单位解除或者终止劳动关系后，请求用人单位返还其收取的劳动合同定金、保证金、抵押金、抵押物发生的纠纷，或者办理劳动者的人事档案、社会保险关系等移转手续发生的纠纷；（五）劳动者以用人单位未为其办理社会保险手续，且社会保险经办机构不能补办导致其无法享受社会保险待遇为由，要求用人单位赔偿损失发生的纠纷；（六）劳动者退休后，与尚未参加社会保险统筹的原用人单位因追索养老金、医疗费、工伤保险待遇和其他社会保险待遇而发生的纠纷；（七）劳动者因为工伤、职业病，请求用人单位依法给予工伤保险待遇发生的纠纷；（八）劳动者依据劳动合同法第八十五条规定，要求用人单位支付加付赔偿金发生的纠纷；（九）因企业自主进行改制发生的纠纷。"上述法条规定的劳动争议包括：因劳动合同发生

第10章 劳动争议处理中的风险

的争议；未签订劳动合同但形成事实劳动关系后发生的争议；解除劳动关系后要求返还保证金等发生的争议；因未办理社保发生的争议；因追索养老金、医疗费等发生的争议；因工伤、职业病要求给予工伤保险待遇发生的争议。

劳动者侵犯用人单位商业秘密的行为，不属于上述法条规定的任何一种劳动争议纠纷，那么，因劳动者侵犯用人单位商业秘密而产生的纠纷就不属于劳动争议了吗？答案是否定的，《劳动和社会保障部办公厅关于劳动争议案中涉及商业秘密侵权问题的函》第二条规定："劳动合同中如果明确约定了有关保守商业秘密的内容，由于劳动者未履行，造成用人单位商业秘密被侵害而发生劳动争议，当事人向劳动争议仲裁委员会申请仲裁的，仲裁委员会应当受理，并依据有关规定和劳动合同的约定作出裁决。"由此可知，劳动者违反保守商业秘密的规定，导致用人单位商业秘密被侵害而发生的争议，属于劳动争议，不属于民事争议，劳动仲裁委员会应受理。

在上面的案例中，为了保护A科技有限公司的商业秘密，A科技有限公司与小白签订了保密条款，小白违反保密条款，将A科技有限公司的技术用于B科技有限公司的工作中，其行为属于侵犯A科技有限公司商业秘密。根据《劳动和社会保障部办公厅关于劳动争议案中涉及商业秘密侵权问题的函》第二条之规定，A科技有限公司与小白之间因侵犯用人单位商业秘密而产生的争议属于劳动争议，劳动仲裁委员会应受理。但A科技有限公司以为双方争议为民事争议，又不愿提起诉讼，最终只得到了2万元的赔偿金。如果用人单位清楚地知道劳动争议的范围，其就可以要求劳动仲裁委员会受理此案。用人单位与小白签订的保密协议清楚地规定了违约金为5万元，且A科技有限公司有证据证明小白侵犯了其商业秘密，劳动争议的处理结果应是小白赔偿 A 科技有限公司 5 万元违约金。A 科技有限公司不清楚劳动争议范围导致其权益受损。

法律依据

《中华人民共和国劳动争议调解仲裁法》

第二条 中华人民共和国境内的用人单位与劳动者发生的下列劳动争议，适用本法：

（一）因确认劳动关系发生的争议；

（二）因订立、履行、变更、解除和终止劳动合同发生的争议；

（三）因除名、辞退和辞职、离职发生的争议；

（四）因工作时间、休息休假、社会保险、福利、培训以及劳动保护发生的争议；

（五）因劳动报酬、工伤医疗费、经济补偿或者赔偿金等发生的争议；

（六）法律、法规规定的其他劳动争议。

《最高人民法院关于审理劳动争议案件适用法律问题的解释（一）》

第一条 劳动者与用人单位之间发生的下列纠纷，属于劳动争议，当事人不服劳动争议仲裁机构作出的裁决，依法提起诉讼的，人民法院应予受理：

（一）劳动者与用人单位在履行劳动合同过程中发生的纠纷；

（二）劳动者与用人单位之间没有订立书面劳动合同，但已形成劳动关系后发生的纠纷；

（三）劳动者与用人单位因劳动关系是否已经解除或者终止，以及应否支付解除或者终止劳动关系经济补偿金发生的纠纷；

（四）劳动者与用人单位解除或者终止劳动关系后，请求用人单位返还其收取的劳动合同定金、保证金、抵押金、抵押物发生的纠纷，或者办理劳动者的人事档案、社会保险关系等移转手续发生的纠纷；

（五）劳动者以用人单位未为其办理社会保险手续，且社会保险经办机构不能补办导致其无法享受社会保险待遇为由，要求用人单位赔偿损失发生的纠纷；

（六）劳动者退休后，与尚未参加社会保险统筹的原用人单位因追索养老金、医疗费、工伤保险待遇和其他社会保险待遇而发生的纠纷；

（七）劳动者因为工伤、职业病，请求用人单位依法给予工伤保险待遇发生的纠纷；

（八）劳动者依据劳动合同法第八十五条规定，要求用人单位支付加付赔偿金发生的纠纷；

（九）因企业自主进行改制发生的纠纷。

《劳动和社会保障部办公厅关于劳动争议案中涉及商业秘密侵权问题的函》

二、劳动合同中如果明确约定了有关保守商业秘密的内容，由于劳动者未履行，造成用人单位商业秘密被侵害而发生劳动争议，当事人向劳动争议仲裁委员会申请仲裁的，仲裁委员会应当受理，并依据有关规定和劳动合同的约定作出裁决。

> **风险预警**

（1）用人单位应清楚劳动争议的范围，这样才能及时准确地解决劳动争议纠纷。

（2）用人单位对劳动争议认识不足的，易导致单位权益受损。

53. 忽视劳动仲裁时效的，有什么风险？

当用人单位和劳动者发生劳动争议且无法协商一致解决的，可以将劳动争议提交劳动仲裁委员会裁决。用人单位或劳动者应在一定的期限内提出仲裁申请，否则可能会导致权利的丧失。这里的期限就是仲裁时效，指的是用人单位或劳动者应在法律规定的期间内提起仲裁，超过此期限，仲裁申请不予受理。显而易见，忽视劳动仲裁时效的，会带来很多不必要的麻烦。

风险案例

▶ **仲裁申请因超过劳动仲裁时效被驳回**

2020年2月24日，甲公司在A招聘网站发布了高级工程师招聘信息。2月26日，小亮到甲公司应聘。应聘的时候，小亮提交给甲公司各种学历证书和职业资格证书，对面试者的专业提问，亦是对答如流，最终甲公司决定录用小亮。3月1日，小亮入职甲公司，任职高级工程师。用人单位为其安排了为期14天的专业技术培训，培训费8万元。3月16日，双方签订了为期五年的书面劳动合同。合同约定，因小亮辞职或小亮单方面原因导致劳动合同解除的，小亮应向用人单位支付10万元违约金。小亮培训结束正式进入工作岗位后，甲公司发现其实际技术水平远低于公司预期，于是甲公司对其提交的证书的真实性产生了怀疑。经核实，甲公司发现小亮提交的大部分证书都是伪造的。公司高管开会决定，解除与小亮的劳动合同。为挽回公司损失，还决定追究小亮的违约责任。2021年1月13日，甲公司正式通知小亮，解除甲公司与小亮的劳动关系，因小亮欺诈造成劳动合同无效，小亮应自劳动合同解除之日起五日内，向甲公司支付10万元违约金。同日，小亮离开了甲公司，但一直未支付违约金。后因公司事务繁忙，此事暂时被搁置。2022年3月1日，甲公司整理人事档案时，发现了这一遗留问题，遂向当地劳动仲裁委员会申请仲裁，请求判决小亮支付违约金10万元。劳动仲裁委员会以超过仲裁时效为由，驳回了甲公司的仲裁申请。

那么，劳动仲裁委员会的做法有法律依据吗？用人单位忽视劳动仲裁时效的，会有什么风险呢？

案例解析

劳动仲裁委员会的做法有法律依据。《劳动争议调解仲裁法》第二十七条规定："劳动争议申请仲裁的时效期间为一年。仲裁时效期间从当事人知道或者应当知道其权利被侵害之日起计算。前款规定的仲裁时效，因当事人一方向对方当事人主张权利，或者向有关部门请求权利救济，或者对方当事人同意履行义务而中断。从中断时起，仲裁时效期间重新计算。因不可抗力或者有其他正当理由，当事人不能在本条第一款规定的仲裁时效期间申请仲裁的，仲裁时效中止。从中止时效的原因消除之日起，仲裁时效期间继续计算。劳动关系存续期间因拖欠劳动报酬发生争议的，劳动者申请仲裁不受本条第一款规定的仲裁时效期间的限制；但是，劳动关系终止的，应当自劳动关系终止之日起一年内提出。"根据上述法条可知，用人单位与劳动者发生拖欠劳动报酬以外的劳动争议的，应自当事人知道或应该知道自己权益受损害之日的一年时间内提起仲裁。仲裁时效可因当事人主张权利、向有关部门申请权利救济、当事人同意履行中断，也可因不可抗力或其他正当理由中止。但是，如果当事人怠于行使自己的权利，造成申请超出仲裁时效期间的，不在时效中断、中止之列。

在上面的案例中，小亮利用假证件欺骗甲公司与自己签订书面劳动合同，根据《劳动合同法》第二十六条第一款第一项之规定，双方签订的劳动合同无效。除此之外，《劳动合同法》第三十九条第五项规定，劳动者因本法第二十六条第一款第一项规定的情形致使劳动合同无效的，用人单位可以解除劳动合同。《劳动合同法实施条例》第二十六条第二款第四项规定，劳动者以欺诈、胁迫的手段或者乘人之危，使用人单位在违背真实意思的情况下订立或者变更劳动合同的，用人单位与劳动者解除约定服务期的劳动合同的，劳动者应当按照劳动合同的约定向用人单位支付违约金。由此可知，甲公司可以因小亮欺诈而解除劳动合同，并且要求小亮承担劳动合同约定的违约金。虽然甲公司有权要求小亮支付违约金，但小亮一直未支付该违约金，甲公司应在小亮应支付而未支付违约金之日起一年内提出劳动争议仲裁，也就是自2021年1月18日起一年内提出劳动争议仲裁。甲公司直至2022年3月1日才提出劳动争议仲裁，已经超过了仲裁时效，导致其仲裁申请被驳回，10万元违约金难以追回。

法律依据

《中华人民共和国劳动争议调解仲裁法》

第二十七条 劳动争议申请仲裁的时效期间为一年。仲裁时效期间从当事人知道或者应当知道其权利被侵害之日起计算。

前款规定的仲裁时效，因当事人一方向对方当事人主张权利，或者向有关部门请求权利救济，或者对方当事人同意履行义务而中断。从中断时起，仲裁时效期间重新计算。

因不可抗力或者有其他正当理由，当事人不能在本条第一款规定的仲裁时效期间申请仲裁的，仲裁时效中止。从中止时效的原因消除之日起，仲裁时效期间继续计算。

劳动关系存续期间因拖欠劳动报酬发生争议的，劳动者申请仲裁不受本条第一款规定的仲裁时效期间的限制；但是，劳动关系终止的，应当自劳动关系终止之日起一年内提出。

《中华人民共和国劳动合同法》

第二十六条 下列劳动合同无效或者部分无效：

（一）以欺诈、胁迫的手段或者乘人之危，使对方在违背真实意思的情况下订立或者变更劳动合同的；

……

第三十九条 劳动者有下列情形之一的，用人单位可以解除劳动合同：

……

（五）因本法第二十六条第一款第一项规定的情形致使劳动合同无效的；

……

《中华人民共和国劳动合同法实施条例》

第二十六条第二款　有下列情形之一，用人单位与劳动者解除约定服务期的劳动合同的，劳动者应当按照劳动合同的约定向用人单位支付违约金：

……

（四）劳动者以欺诈、胁迫的手段或者乘人之危，使用人单位在违背真实意思的情况下订立或者变更劳动合同的；

……

风险预警

（1）劳动争议仲裁的时效为一年，自当事人知道或应当知道权利受侵害之日起计算。

（2）用人单位应积极行使权利，不然可能会因超过劳动争议仲裁时效导致权利减损。

54. 不了解仲裁委员会和法院的管辖权的，有什么风险？

发生劳动争议，用人单位与劳动者协商不能解决的，往往会通过劳动仲裁解决。劳动仲裁是劳动仲裁委员会对劳动争议所作的居中裁决。发生劳动争议后，用人单位或劳动者是否可以随意选择劳动仲裁委员会进行裁决呢？对仲裁结果不服的，是否可以随意选择法院起诉呢？答案都是否定的。发生劳动争议，用人单位或劳动者只能向有管辖权的劳动仲裁委员会申请仲裁，对仲裁结果不服的，只能向有管辖权的法院提起诉讼。违反该原则的，对方当事人可以行使管辖权异议，也就是对劳动仲裁委员会或法院的管辖权提出质疑。如果用人单位忽视管辖权异议，会有什么风险呢？

风险案例

▶ 用人单位因未及时提出管辖权异议而支付不必要的费用

2020年9月17日，小张入职广州A公司驻重庆办事处工作，双方签订了为期三年的书面劳动合同。2022年3月20日，小张与A公司解除劳动关系，因对经济补偿金数额未达成一致，4月3日，小张向重庆市劳动仲裁委员会申请仲裁，请求裁决A公司支付经济补偿金13万元。A公司认为该争议应由用人单位所在地广州市劳动仲裁委员会管辖，于是向重庆市劳动仲裁委员会提出了管辖权异议，重庆市劳动仲裁委员会以异议不成立为由驳回了其请求。6月18日，重庆市劳动仲裁委员会作出了仲裁裁决，但只支持了小张请求A公司支付经济补偿金10万元。对于该仲裁结果，双方均不服。后因身体不适，小张回到了湖北老家。

6月23日，小张向湖北某法院提起诉讼，7月1日，A公司收到了起诉状副本。8月1日开庭，A公司应诉答辩，后又在庭审过程中主张管辖权异议，结果被法院驳回。10月17日，法院作出判决，判决A公司不支付小张经济赔偿金。A公司虽无须支付小张经济赔偿金，但出庭应诉所支出的交通费、食宿费达6000元，不仅如此，参加出庭应诉的工作人员的误工费达上万元。

那么，法院驳回A公司的管辖权异议有法律依据吗？用人单位忽视提出管辖权异议的，有什么风险？

案例解析

法院的做法有法律依据。《劳动争议调解仲裁法》第二十一条规定："劳动争议仲裁委员会负责管辖本区域内发生的劳动争议。劳动争议由劳动合同履行地或者用人单位所在地的劳动争议仲裁委员会管辖。双方当事人分别向劳动合同履行地和用人单位所在地的劳动争议仲裁委员会申请仲裁的，由劳动合同履行地的劳动争议仲裁委员会管辖。"根据上述法条可知，劳动争议由用人单位所在地劳动仲裁委员会或劳动合同履行地劳动仲裁委员会管辖，用人单位和劳动者分别向上述两个劳动仲裁委员会申请仲裁的，由劳动合同履行地的劳动仲裁委员会管辖。《劳动人事争议仲裁办案规则》第十条规定："当事人提出管辖异议的，应当在答辩期满前书面提出。仲裁委员会应当审查当事人提出的管辖异议，异议成立的，将案件移送至有管辖权的仲裁委员会并书面通知当事人；异议不成立的，应当书面决定驳回。当事人逾期提出的，不影响仲裁程序的进行。"由此可知，劳动争议仲裁的管辖权异议期限为答辩期满前，逾期提出的，仍由原劳动仲裁委员会继续审理。

当事人对劳动争议仲裁结果不服的，可以向人民法院起诉。《最高人民法院关于审理劳动争议案件适用法律问题的解释（一）》第三条第一款、第二款规定："劳动争议案件由用人单位所在地或者劳动合同履行地的基层人民法院管辖。劳动合同履行地不明确的，由用人单位所在地的基层人民法院管辖。"根据该法条内容可知，劳动者或用人单位不服劳动争议仲裁结果的，可以向用人单位所在地或劳动合同履行地等有管辖权的法院提起诉讼。如果用人单位或劳动者向其他没有管辖权的法院提起诉讼，法院受理的，另一方当事人可以提出管辖权异议。我国《民事诉讼法》第一百三十条规定："人民法院受理案件后，当事人对管辖权有异议的，应当在提交答辩状期间提出。人民法院对当事人提出的异议，应当审查。异议成立的，裁定将案件移送有管辖权的人民法院；异议不成立的，裁定驳回。当事人未提出管辖异议，并应诉答辩的，视为受诉人民法院有管辖权，但违反级别管辖和专属管辖规定的除外。"根据该法条可知，诉讼案件管辖权异议的提出期限为提交答辩状期间。当事人没有提出管辖权异议并出庭应诉的，受诉人民法院享有管辖权。

在上面的案例中，小张和 A 公司发生了劳动争议，此时 A 公司所在地广州和小张工作地重庆的劳动仲裁委员会皆对该劳动争议享有管辖权。但小张向重庆市劳动仲裁委员会提起了仲裁，此时，由劳动合同履行地也就是重庆市劳动仲裁委员会管辖。重庆市劳动仲裁委员会驳回 A 公司管辖权异议的决定合法正确。小张和 A 公司皆不服劳动争议处理结果，有权向 A 公司所在地广州和小张工作地重庆的法院提起诉讼。小张向湖北某地的法院提起诉讼且法院受理，A 公司应在答辩期间提出管辖权异议。A 公司未在该期间提出管辖权异议，并出庭应诉，视为湖北某地的法院享有管辖权。湖北某地法院驳回 A 公司在审判过程中提出的管辖权异议于法有据。

法律依据

《中华人民共和国劳动争议调解仲裁法》

第二十一条 劳动争议仲裁委员会负责管辖本区域内发生的劳动争议。

劳动争议由劳动合同履行地或者用人单位所在地的劳动争议仲裁委员会管辖。双方当事人分别向劳动合同履行地和用人单位所在地的劳动争议仲裁委员会申请仲裁的，由劳动合同履行地的劳动争议仲裁委员会管辖。

《劳动人事争议仲裁办案规则》

第十条 当事人提出管辖异议的，应当在答辩期满前书面提出。仲裁委员会应当审查当事人提出的管辖异议，异议成立的，将案件移送至有管辖权的仲裁委员会并书面通知当事人；异议不成立的，应当书面决定驳回。

当事人逾期提出的，不影响仲裁程序的进行。

《最高人民法院关于审理劳动争议案件适用法律问题的解释（一）》

第三条第一款、第二款 劳动争议案件由用人单位所在地或者劳动合同履行地的基层人民法院管辖。

劳动合同履行地不明确的，由用人单位所在地的基层人民法院管辖。

《中华人民共和国民事诉讼法》

第一百三十条 人民法院受理案件后，当事人对管辖权有异议的，应当在提交答辩状期间提出。人民法院对当事人提出的异议，应当审查。

异议成立的，裁定将案件移送有管辖权的人民法院；异议不成立的，裁定驳回。

当事人未提出管辖异议，并应诉答辩的，视为受诉人民法院有管辖权，但违反级别管辖和专属管辖规定的除外。

> **风险预警**
>
> （1）用人单位所在地劳动仲裁委员会和劳动合同履行地劳动仲裁委员会对劳动争议案件享有管辖权。二者发生冲突的，劳动合同履行地劳动仲裁委员会享有管辖权。
> （2）劳动争议仲裁的管辖权异议期限为答辩期满前。
> （3）对劳动争议诉讼有管辖权的法院为用人单位所在地法院和劳动合同履行地法院。二者发生冲突的，优先受理的法院享有管辖权。
> （4）劳动争议诉讼管辖权异议的提出期限为提交答辩状期间。当事人没有提出管辖权异议并出庭应诉的，视为受诉人民法院享有管辖权。

55. 拒绝履行生效法律文书确定的义务的，有什么风险？

为了尽快解决当事人之间的纠纷，维护法律权威、司法尊严，保障当事人合法权益，用人单位应积极履行法律文书确定的义务。如果用人

>>> 企业劳动用工风险提示与防范指南

单位收到法律文书,且有能力履行法律文书确定的义务,但怠于履行或拒绝履行的,会有什么风险呢?

风险案例

▶用人单位因拒绝履行法律文书确定的义务而被罚款

2017年3月23日,小范创建了A公司。8月1日,小白入职A公司,任职销售经理,双方签订了为期三年的书面劳动合同。2020年8月1日,合同到期后,双方未续签劳动合同,小白继续正常上下班。2021年2月18日,小白接到公司负责人的电话,称因小白销售业绩不佳,公司决定将其辞退,限其在2月20日前办完交接手续后离开A公司。2月20日,小白接到了A公司解除劳动合同的书面通知,A公司支付了小白的工资。小白要求A公司对自己进行经济补偿,但A公司未予回复。3月4日,小白向当地劳动仲裁委员会申请仲裁,要求A公司支付经济补偿金3万元。5月5日,当地劳动仲裁委员会作出了支持小白的仲裁决定。A公司不服,于5月10日向当地法院起诉,请求撤销当地劳动仲裁委员会的仲裁决定,不予支付小白经济补偿金。7月3日,法院作出了判决,判决A公司支付小白经济补偿金2.7万元。后A公司既未上诉,也未履行法院判决。10月28日,小白向法院申请强制执行。法院立案受理后,向A公司送达了执行通知书和报告财产令,A公司仍置之不理。执行法官经查询得知,A公司的银行账户有可供执行财产。法院认为,A公司没有及时向法院报告财产,且拒不履行生效的法律文书,行为恶劣,依法对其处以罚款5万元,对其负责人处以罚款2万元,并将A公司纳入失信被执行人名单。A公司认为,法院的判决有失公平,自己拒不履行不应承受如此重的惩罚。

那么，A公司的说法有法律依据吗？用人单位拒绝履行生效法律文书确定的义务的，有什么风险？

案例解析

A公司的说法没有法律依据。为了督促当事人尽快履行裁判文书确定的义务，我国《民事诉讼法》第二百四十三条第一款规定："发生法律效力的民事判决、裁定，当事人必须履行。一方拒绝履行的，对方当事人可以向人民法院申请执行，也可以由审判员移送执行员执行。"除此之外，第一百一十四条规定："诉讼参与人或者其他人有下列行为之一的，人民法院可以根据情节轻重予以罚款、拘留；构成犯罪的，依法追究刑事责任：……（六）拒不履行人民法院已经发生法律效力的判决、裁定的。人民法院对有前款规定的行为之一的单位，可以对其主要负责人或者直接责任人员予以罚款、拘留；构成犯罪的，依法追究刑事责任。"第二百四十八条规定："被执行人未按执行通知履行法律文书确定的义务，应当报告当前以及收到执行通知之日前一年的财产情况。被执行人拒绝报告或者虚假报告的，人民法院可以根据情节轻重对被执行人或者其法定代理人、有关单位的主要负责人或者直接责任人员予以罚款、拘留。"《最高人民法院关于公布失信被执行人名单信息的若干规定》第一条规定："被执行人未履行生效法律文书确定的义务，并具有下列情形之一的，人民法院应当将其纳入失信被执行人名单，依法对其进行信用惩戒：（一）有履行能力而拒不履行生效法律文书确定义务的；……"，由此可知，用人单位有能力履行却拒绝履行法律文书确定的义务的，将其纳入失信被执行人名单。

在上面的案例中，A公司不服法院判决，可以在判决书规定的时间内上诉。A公司未上诉，判决书生效后，其应履行判决书确定的义务。A公司拒不履行生效法律文书确定的义务，小白可以向法院申请强制执行。法院受理后，可以根据法律规定，要求A公司向法院报告财产状况，A公司拒不履行财产报告情况，也不积极履行法律确定的义务，法院可以视情节轻重，对A公司、A公司的法定代理人、主要负责人、直接责任人处以罚款、拘留。同时，法院可以将A公司纳入失信被执行人名单。

法律依据

《中华人民共和国民事诉讼法》

第一百一十四条　诉讼参与人或者其他人有下列行为之一的，人民法院可以根据情节轻重予以罚款、拘留；构成犯罪的，依法追究刑事责任：

……

（六）拒不履行人民法院已经发生法律效力的判决、裁定的。

人民法院对有前款规定的行为之一的单位，可以对其主要负责人或者直接责任人员予以罚款、拘留；构成犯罪的，依法追究刑事责任。

第二百四十三条第一款　发生法律效力的民事判决、裁定，当事人必须履行。一方拒绝履行的，对方当事人可以向人民法院申请执行，也可以由审判员移送执行员执行。

第二百四十八条　被执行人未按执行通知履行法律文书确定的义务，应当报告当前以及收到执行通知之日前一年的财产情况。被执行人拒绝报告或者虚假报告的，人民法院可以根据情节轻重对被执行人或者其法定代理人、有关单位的主要负责人或者直接责任人员予以罚款、拘留。

《最高人民法院关于公布失信被执行人名单信息的若干规定》

第一条 被执行人未履行生效法律文书确定的义务，并具有下列情形之一的，人民法院应当将其纳入失信被执行人名单，依法对其进行信用惩戒：

（一）有履行能力而拒不履行生效法律文书确定义务的；

……

《中华人民共和国刑法》

第三百一十三条 对人民法院的判决、裁定有能力执行而拒不执行，情节严重的，处三年以下有期徒刑、拘役或者罚金；情节特别严重的，处三年以上七年以下有期徒刑，并处罚金。

单位犯前款罪的，对单位判处罚金，并对其直接负责的主管人员和其他直接责任人员，依照前款的规定处罚。

> **风险预警**
>
> （1）用人单位不服司法判决的，可以提起上诉。
> （2）法律文书生效后，用人单位必须积极履行，不得以法律文书有失公平拒绝履行法律文书确定的义务。
> （3）用人单位拒不履行生效法律文书确定义务的，可能会被列入失信被执行人名单。
> （4）用人单位拒不履行生效法律文书确定义务的，可能会面临罚款、拘留等处罚。

第11章

其他风险

56. 不与劳务人员签订劳务用工合同,有什么风险?

在用人单位的日常运营过程中,除了最为常见的劳动用工外,还可能涉及劳务人员提供劳务,即劳务用工。雇佣关系就是典型的劳务用工,但实践中经常出现用人单位忽视与劳务人员签订劳务用工合同的现象,导致后续的麻烦。劳务合同是平等主体的自然人、法人和其他组织之间签订的以人的劳动为给付标的的合同。与劳动合同不同的是,劳务合同双方主体之间没有隶属关系,一方提供劳务,一方支付报酬。劳务合同的内容也是双方协商确定的,受我国《民法典》调整,而非受《劳动法》《劳动合同法》调整。因此,有关于劳务关系的内容、报酬和违约责任等一定要落实到劳务用工合同上,以此保障双方的权益。

第 11 章 其他风险

风险案例

▶ 外贸公司因未与劳务人员签订劳务用工合同导致纠纷

某市甲公司为一家外贸公司,主营陶瓷器具。乙商场在甲公司订购了一批陶瓷碗具,由甲公司负责运送。由于业务量大,人手无法调配,甲公司雇用了几位运输司机负责运送该笔订单,完成运送后支付劳务报酬,但双方未签订劳务用工合同。在运送之前,甲公司负责人一再和几位司机强调所要运送的货物为易碎品,一定要小心运送、轻拿轻放,在确认货物完好无损并打包后,几位司机分别将货物装车。运输途中一位司机被后车追尾,货物运送至乙商场后,经乙商场负责人查验,该批陶瓷器具中部分出现裂痕,乙商场遂向甲公司要求退款。甲公司认为运送前已经检查完毕确认无损,并按照规范进行打包,裂痕应当是司机在运输过程中操作不当出现的,于是要求扣除部分报酬作为赔偿。司机又辩称他们只负责运货到目的地,部分货物出现毁损属于正常现象,不是他们的责任,双方僵持不下。

那么,司机的说法是否有法律依据?用人单位不与劳务人员签订劳务用工合同将有怎样的风险?

案例解析

司机的说法是没有法律依据的。上述案例中甲公司与司机之间虽然没有签订书面合同,但司机向甲公司提供运输服务,甲公司接受服务并支付报酬,双方属于劳务关系,他们之间的关系受我国《民法典》调整。《民法典》第八百三十二条规定:"承运人对运输过程中货物的毁损、灭失承担赔偿责任。但是，承运人证明货物的毁损、灭失是因不可抗力、货物本身的自然性质或者合理损耗以及托运人、收货人的过错造成的，不承担赔偿责任。"由此可以看出，司机作为承运人，应当对货物的毁损承担损害赔偿责任，且司机在运送途中出现交通事故，对于货物的毁损负有一定的责任，因此上述案例中司机的说法是不正确的。

但是由于双方之间没有签订合同，无法明确违约责任，那司机的赔偿责任应当以什么标准来确定呢？《民法典》第八百三十三条规定："货物的毁损、灭失的赔偿额，当事人有约定的，按照其约定；没有约定或者约定不明确，依据本法第五百一十条的规定仍不能确定的，按照交付或者应当交付时货物到达地的市场价格计算。法律、行政法规对赔偿额的计算方法和赔偿限额另有规定的，依照其规定。"因此，在案例中，司机应当按照上文规定，对甲公司的损失进行赔偿。

虽然《民法典》对上述案例中出现的情况进行了规定，但是劳务用工的形式多种多样，法律不可能进行详尽规定，双方的书面约定尤为重要。由于合同具有相对性，乙商场可以按照与甲公司之间的合同约定向甲公司主张权利。但甲公司与司机之间没有签订书面合同，未明确双方的权利义务及违约责任，在产生纠纷时双方各执一词。由此可见，若要降低用工风险，需提前将双方的权利义务及违约责任落实到书面合同上，不仅可以避免后续麻烦，也可以对双方起到警醒作用。作为用人单位，要对劳务用工合同进行深入了解并足够重视，千万不能因为图一时方便而进行口头约定，为自己埋下隐患。

第 11 章 其他风险

> **法律依据**

《中华人民共和国民法典》

第五百一十条 合同生效后,当事人就质量、价款或者报酬、履行地点等内容没有约定或者约定不明确的,可以协议补充;不能达成补充协议的,按照合同相关条款或者交易习惯确定。

第八百零九条 运输合同是承运人将旅客或者货物从起运地点运输到约定地点,旅客、托运人或者收货人支付票款或者运输费用的合同。

第八百三十二条 承运人对运输过程中货物的毁损、灭失承担赔偿责任。但是,承运人证明货物的毁损、灭失是因不可抗力、货物本身的自然性质或者合理损耗以及托运人、收货人的过错造成的,不承担赔偿责任。

第八百三十三条 货物的毁损、灭失的赔偿额,当事人有约定的,按照其约定;没有约定或者约定不明确,依据本法第五百一十条的规定仍不能确定的,按照交付或者应当交付时货物到达地的市场价格计算。法律、行政法规对赔偿额的计算方法和赔偿限额另有规定的,依照其规定。

> **风险预警**

(1) 用人单位需要劳务人员提供任何形式的劳务时都应当订立书面劳务用工合同。
(2) 劳务用工合同中应当明确双方权利义务、违约责任以及救济方式等。

57. 将劳务用工混同为劳动合同工，有什么风险？

劳务用工和劳动合同工是不同的概念，两者不能混淆。劳务用工的双方之间是平等关系，劳务人员完成一定的工作量，另一方支付相应报酬。而劳动合同工是与用人单位签订劳动合同，劳动者受用人单位的管理，用人单位周期性地向劳动者支付工资。两种用工方式在双方的权利义务方面存在很大差距，适用的法律法规也有所不同。实践中有许多人难以区分"劳务用工"和"劳动合同工"，由此引发的纠纷数不胜数。用人单位在与他人签订合同时一定要区分好到底是劳务用工还是劳动合同工，避免两者相混同给自己带来麻烦。

风险案例

▶ 金属制品公司因错把劳务用工混同为劳动合同工而被索赔

A公司为一家新成立不久的金属制品公司，由于对办公区域进行了大规模装修，许多地方需要打扫清洁，因此A公司雇用张某作为清洁工对办公区域进行清洁。A公司规模小、经验少，对劳动关系和劳务关系区分不清，在与张某签订合同时随手从网上下载了一份劳动合同的模板，双方签订了劳动合同，约定了张某的工作时间为半年，每月工资为3000元，若发生纠纷可向B劳动仲裁委员会申请仲裁。张某工作了两个月，A公司发现他清洁工作一直做得不到位，经常偷懒应付，A公司认为张某没有责任心，要求与其解除劳动合同。张某认为自己的工作没有任何问题，不同意解除劳动合同，双方争执不休。张某咨询专业人士后，同意解除劳动合同，但同时要求A公司向其支付经济补偿金，理由为双方签订的是劳动合同，用人单位无故辞退劳动者应当向劳动者支付经济补偿。A 公司却坚持认为，其就是临时雇用了张某做清洁，并没有打算招聘张某为公司职工，不存在解除劳动合同、支付补偿的情况。而且公司与张某签订的合同，和公司与职工签订的劳动合同根本就不一样。

那么，张某的说法是否有依据？用人单位将劳务用工混同为劳动合同工，将面临怎样的风险？

案例解析

张某的说法是有法律依据的。由于 A 公司的疏忽，双方签订了劳动合同，尽管和 A 公司与其他职工的劳动合同不同，但并不影响 A 公司与张某之间劳动关系的存在。而劳动关系受我国《劳动合同法》的调整，劳务关系受民法的调整。《劳动合同法》第四十六条规定："有下列情形之一的，用人单位应当向劳动者支付经济补偿：……（二）用人单位依照本法第三十六条规定向劳动者提出解除劳动合同并与劳动者协商一致解除劳动合同的；……"，第三十六条规定："用人单位与劳动者协商一致，可以解除劳动合同。"因此，如果按照《劳动合同法》的规定，A 公司是应当向张某支付经济补偿的。

对于双方之间的关系到底是劳务关系还是劳动关系，若双方意见不一可按照劳动合同的约定向劳动仲裁委员会申请仲裁，经审理来认定 A 公司与张某之间是否属于劳动关系，从而确定经济补偿的合理性。诚然，A 公司就此事仍有救济方式，可以通过举证证明双方实际为劳务关系，但这中间花费的时间和精力可能让公司望而却步，从而选择向张某支付补偿了结此事。

劳务用工应当签订劳务用工合同，约定双方的权利义务以及违约责任；劳动合同用工应当签订劳动合同，约定合同期限、工作内容、劳动报酬等。用人单位在与劳务人员或者劳动者签订合同时，一定要弄清楚对方的身份属性是劳务用工还是劳动合同工，若错将劳务用工合同签成劳动合同，后续产生纠纷则只能按照劳动关系来处理。在劳动关系中，我国《劳动法》和《劳动合同法》对劳动者具有倾斜性保护，因此将两者混同就可能面临上述案例中经济补偿的风险，其中的隐患可想而知。唯有将两者区分清楚，才能为公司省去麻烦，同时也能更好地保障自己的权益。

法律依据

《中华人民共和国劳动合同法》

第三十六条　用人单位与劳动者协商一致，可以解除劳动合同。

第四十六条　有下列情形之一的，用人单位应当向劳动者支付经济补偿：

（一）劳动者依照本法第三十八条规定解除劳动合同的；

（二）用人单位依照本法第三十六条规定向劳动者提出解除劳动合同并与劳动者协商一致解除劳动合同的；

（三）用人单位依照本法第四十条规定解除劳动合同的；

（四）用人单位依照本法第四十一条第一款规定解除劳动合同的；

（五）除用人单位维持或者提高劳动合同约定条件续订劳动合同，劳动者不同意续订的情形外，依照本法第四十四条第一项规定终止固定期限劳动合同的；

（六）依照本法第四十四条第四项、第五项规定终止劳动合同的；

（七）法律、行政法规规定的其他情形。

> **风险预警**
>
> （1）用人单位应当正确区分劳务用工和劳动合同工，劳务人员与用人单位之间是平等关系，而劳动者与用人单位之间存在管理与被管理的关系。
>
> （2）用人单位与聘用人员签订合同时要谨慎，双方约定的内容要明确，切勿将劳务合同签成劳动合同。

58．擅自挪用企业年金账户中的年金费用的，有什么风险？

企业年金制度是在国家政策的指导下，企业根据自身经济发展状况自愿建立的一种为本企业职工提供一定退休收入的保障制度，是对养老保险制度的补充。企业年金包括企业缴存金额、员工个人缴存金额以及投资收益，不能随时取出，只有当职工退休或者完全丧失劳动能力、出国（境）定居、职工或退休人员死亡后，才能将企业年金取出。对于企业年金的管理，一般包括企业自主管理和委托符合条件的法人机构（如基金公司等）进行管理。在实践中，若企业自主管理企业年金账户，会存在管理人员擅自挪用年金费用的风险，这种行为涉及刑事犯罪，不仅影响公司形象，也容易造成人才流失。因此，企业应当加强对企业年金账户的监管，提高防范意识，或者确定有资质的法人为管理人，与之签订受托管理协议。

风险案例

▶ 公司高管因挪用企业年金账户中的年金费用被判刑

甲公司是一家互联网公司。为吸引人才、激励员工，该公司实行企业年金制度，并成立了企业年金理事会，张某就是理事会的成员之一。由于甲公司在企业年金管理上的经验不足，对企业年金账户的监督力度不够，张某便利用其职务便利，挪用年金费用 20 万元借贷给他人，借款期限为半年，从中赚取利息。张某本想等半年期满后神不知鬼不觉地将 20 万元归还，结果在挪用后第五个月被公司发现。公司遂将张某交由警方处理。

张某的行为是否构成犯罪？擅自挪用企业年金账户中的年金费用将有怎样的风险？

案例解析

张某的行为触犯了刑法，其作为公司的管理人员，利用职务便利擅自挪用公司账户的财产，已经构成犯罪。我国《企业年金办法》第二十八条第一款规定，企业年金基金应当与委托人、受托人、账户管理人、投资管理人、托管人和其他为企业年金基金管理提供服务的自然人、法人或者其他组织的自有资产或者其他资产分开管理，不得挪作其他用途。因此，企业年金必须专款专用，不得擅自挪作他用。同时，我国《刑法》第二百七十二条第一款规定："公司、企业或者其他单位的工作人员，利用职务上的便利，挪用本单位资金归个人使用或者借贷给他人，数额较大、超过三个月未还的，或者虽未超过三个月，但数额较大、进行营利活动的，或者进行非法活动的，处三年以下有期徒刑或者拘役；挪用本单位资金数额巨大的，处三年以上七年以下有期徒刑；数额特别巨大的，处七年以上有期徒刑。"本案中，张某利用职务便利，挪用本单位资金 20 万元借贷给他人，进行营利活动，且超过三个月未归还，构成挪用资金罪，应当受到刑事处罚。

上述案例中的张某因存侥幸心理擅自挪用企业年金费用，最终自食恶果，这种行为不仅让他个人受到惩罚，也给企业带来了不良影响，侵害了企业及职工的合法权益，损害了企业的形象，同时在企业员工心中埋下不安定因素，使得职工对企业缺乏信任，不利于企业的长远发展。因此，企业应当加强对管理人员的职业道德培训，提高资金监督和监管能力，实行规范化管理。另外，若企业本身对于企业年金制度缺乏经验，将符合国家规定的法人机构作为企业年金的受托人对企业年金进行专业管理，与之签订受托管理合同，也是一种解决办法。

法律依据

《中华人民共和国刑法》

第二百七十二条 公司、企业或者其他单位的工作人员，利用职务上的便利，挪用本单位资金归个人使用或者借贷给他人，数额较大、超过三个月未还的，或者虽未超过三个月，但数额较大、进行营利活动的，或者进行非法活动的，处三年以下有期徒刑或者拘役；挪用本单位资金数额巨大的，处三年以上七年以下有期徒刑；数额特别巨大的，处七年以上有期徒刑。

国有公司、企业或者其他国有单位中从事公务的人员和国有公司、企业或者其他国有单位委派到非国有公司、企业以及其他单位从事公务的人员有前款行为的，依照本法第三百八十四条的规定定罪处罚。

有第一款行为，在提起公诉前将挪用的资金退还的，可以从轻或者减轻处罚。其中，犯罪较轻的，可以减轻或者免除处罚。

《企业年金办法》

第五条 企业和职工建立企业年金，应当确定企业年金受托人，由企业代表委托人与受托人签订受托管理合同。受托人可以是符合国家规定的法人受托机构，也可以是企业按照国家有关规定成立的企业年金理事会。

第二十七条 受托人应当委托具有企业年金管理资格的账户管理人、投资管理人和托管人，负责企业年金基金的账户管理、投资运营和托管。

第二十八条 企业年金基金应当与委托人、受托人、账户管理人、投资管理人、托管人和其他为企业年金基金管理提供服务的自然人、法人或者其他组织的自有资产或者其他资产分开管理，不得挪作其他用途。

企业年金基金管理应当执行国家有关规定。

> **风险预警**
>
> （1）企业年金账户的年金费用应当与管理人的自有资产或者企业其他资产分开管理，不得挪作其他用途。
>
> （2）擅自挪用企业年金账户中的年金费用可能构成犯罪。
>
> （3）企业应当加强监督，由专业人员管理企业年金，规范企业年金管理制度。
>
> （4）企业可选择符合国家规定的法人机构作为企业年金受托人。

59. 在知识产权归属方面未与员工事先约定清晰的，有什么风险？

知识产权是权利人对其智力劳动成果所享有的专有权利，包括专利权、著作权、商标权等。在市场化的今天，知识产权就是一个企业无形的财富。但如今仍有许多企业缺乏保护知识产权的意识，例如与员工在知识产权的归属方面界限不清，这既不利于公司对员工的管理，易产生纠纷，也会给企业的生存和发展带来极大的挑战。权属清晰才能有效避免纠纷，企业应当增强知识产权法律知识，在与员工签订劳动合同时就对知识产权进行明确约定。

风险案例

▶ **公司未与员工约定知识产权归属产生纠纷**

A公司为一家计算机软件开发公司，主要开发各类游戏软件。2019年，张某与A公司签订了为期三年的劳动合同。经过在A公司的培训和学习，张某的专业能力突飞猛进，在一次当地软件开发协会举办的益智类游戏软件比赛中，张某制作的一款游戏软件获得一等奖。公司将该游戏软件推向市场后，广受好评。2022年，张某与A公司的劳动合同到期，张某没有选择续签，而是选择另一家待遇更好的软件公司。在张某离职时，A公司告知张某，离开公司后不得继续使用比赛时获奖的游戏软件。张某对此提出异议，称该游戏软件系个人研发，与公司无关，该软件的著作权应当由个人享有。A公司表示，虽然该游戏软件是张某在比赛中个人研发，但是整个比赛过程均由公司提供开发技术条件及物质条件，且游戏推出后也是由公司承担相关责任，应当属于职务作品。由于双方签订的劳动合同中没有对著作权的归属进行约定，A公司与张某对游戏软件的著作权归属争执不休，最后不得不诉诸法律。

那么，张某的说法是否有依据？用人单位在知识产权归属方面未与员工事先约定清晰的，有什么风险？

案例解析

张某的说法是没有法律依据的。知识产权是无形的财富，保护知识产权无论对公司还是对职工个人来说，都有极其重要的意义。我国《专利法》和《著作权法》中对职务作品都有规定，上述案例中的获奖游戏软件属于《著作权法》的调整范畴。而根据《著作权法》第十八条的规定，自然人为完成法人或者非法人组织工作任务所创作的作品是职务作品，除本条第二款的规定以外，著作权由作者享有，但法人或者非法人组织有权在其业务范围内优先使用。作品完成两年内，未经单位同意，作者不得许可第三人以与单位使用的相同方式使用该作品。有下列情形之一的职务作品，作者享有署名权，著作权的其他权利由法人或者非法人组织享有，法人或者非法人组织可以给予作者奖励：（1）主要是利用法人或者非法人组织的物质技术条件创作，并由法人或者非法人组织承担责任的工程设计图、产品设计图、地图、示意图、计算机软件等职务作品；（2）报社、期刊社、通讯社、广播电台、电视台的工作人员创作的职务作品；（3）法律、行政法规规定或者合同约定著作权由法人或者非法人组织享有的职务作品。由此可知，对于一般的职务作品，著作权应当属于作者，法人或者其他组织仅仅享有其业务范围内的优先使用权，但本案中的游戏软件，是张某利用公司提供的技术条件和资金条件创作的，且推出后一直由公司承担相关责任，故该游戏软件的著作权属于A公司，张某享有署名权。

根据我国《著作权法》的规定，一般职务作品的著作权是不属于公司的，虽然对于特殊职务作品的归属也进行了规定，但是实践中要想证明公司达到该法第十六条第二款规定的条件，公司也要费一番心思。况且，诉讼解决纠纷是维护权益的最后一道防线，最重要的还是事前预防。若用人单位在劳动合同中对劳动者职务作品的权利归属作出明确约定，例如约定"公司为员工的研发成果提供了物质、技术、资源等条件的，相关知识产权归公司所有，公司对员工进行奖励"，可有效避免纠纷。

另外，《专利法》第六条规定："执行本单位的任务或者主要是利用本单位的物质技术条件所完成的发明创造为职务发明创造。职务发明创造申请专利的权利属于该单位，申请被批准后，该单位为专利权人。该单位可以依法处置其职务发明创造申请专利的权利和专利权，促进相关发明创造的实施和运用。非职务发明创造，申请专利的权利属于发明人或者设计人；申请被批准后，该发明人或者设计人为专利权人。利用本单位的物质技术条件所完成的发明创造，单位与发明人或者设计人订有合同，对申请专利的权利和专利权的归属作出约定的，从其约定。"该条规定了职务发明创造的申请权利以及专利权属于公司，但利用本单位的物质技术条件所完成的发明创造的权利归属以合同约定为准。因此，为避免纠纷，建议用人单位在签订劳动合同时也对此进行明确约定。

法律依据

《中华人民共和国著作权法》

第十八条　自然人为完成法人或者非法人组织工作任务所创作的作品是职务作品，除本条第二款的规定以外，著作权由作者享有，但法人或者非法人组织有权在其业务范围内优先使用。作品完成两年内，未经单位同意，作者不得许可第三人以与单位使用的相同方式使用该作品。

有下列情形之一的职务作品，作者享有署名权，著作权的其他权利由法人或者非法人组织享有，法人或者非法人组织可以给予作者奖励：

（一）主要是利用法人或者非法人组织的物质技术条件创作，并由法人或者非法人组织承担责任的工程设计图、产品设计图、地图、示意图、计算机软件等职务作品；

（二）报社、期刊社、通讯社、广播电台、电视台的工作人员创作的职务作品；

（三）法律、行政法规规定或者合同约定著作权由法人或者非法人组织享有的职务作品。

《中华人民共和国著作权法实施条例》

第六条 著作权自作品创作完成之日起产生。

第十一条 著作权法第十六条第一款关于职务作品的规定中的"工作任务"，是指公民在该法人或者该组织中应当履行的职责。

著作权法第十六条第二款关于职务作品的规定中的"物质技术条件"，是指该法人或者该组织为公民完成创作专门提供的资金、设备或者资料。

《中华人民共和国专利法》

第六条 执行本单位的任务或者主要是利用本单位的物质技术条件所完成的发明创造为职务发明创造。职务发明创造申请专利的权利属于该单位，申请被批准后，该单位为专利权人。该单位可以依法处置其职务发明创造申请专利的权利和专利权，促进相关发明创造的实施和运用。

非职务发明创造，申请专利的权利属于发明人或者设计人；申请被批准后，该发明人或者设计人为专利权人。

利用本单位的物质技术条件所完成的发明创造，单位与发明人或者设计人订有合同，对申请专利的权利和专利权的归属作出约定的，从其约定。

《中华人民共和国专利法实施细则》

第十二条 专利法第六条所称执行本单位的任务所完成的职务发明创造，是指：

（一）在本职工作中作出的发明创造；

（二）履行本单位交付的本职工作之外的任务所作出的发明创造；

（三）退休、调离原单位后或者劳动、人事关系终止后1年内作出的，与其在原单位承担的本职工作或者原单位分配的任务有关的发明创造。

专利法第六条所称本单位，包括临时工作单位；专利法第六条所称本单位的物质技术条件，是指本单位的资金、设备、零部件、原材料或者不对外公开的技术资料等。

风险预警

（1）用人单位在与劳动者签订劳动合同时，最好对劳动者职务作品的知识产权归属进行明确约定。

（2）用人单位在给员工下达工作任务时，应尽量采取书面形式，将任务明确化、具体化，同时可显示单位所提供的一系列便利条件，降低发生争议的可能性，若产生纠纷也能作为证据出示。

60. 用人单位要求职工自己负担培训费用的，有什么风险？

在企业现代化发展中，培训的重要性无可比拟，用人单位为劳动者提供上岗前培训，既能满足公司利益需要，又能使劳动者更迅速地了解工作的相关信息，虽然是简单的岗前缓冲，也有利于实现用人单位与劳动者的双赢。但在实践中，有些用人单位为节约成本，往往会要求劳动者自己承担培训费用，结果却让好事变成了纠纷。那么，用人单位要求劳动者承担培训费是否符合法律规定，又存在哪些风险呢？

风险案例

张某大学毕业后，应聘到一家软件公司做软件开发工作。办理完入职手续后，人力资源部门告知张某，需要进行为期两个月的岗前培训。培训期间的住宿费和伙食费由公司承担，但6000元的培训费用由张某个人承担。培训结束后不久，张某又决定参加研究生考试，便申请离职。张某认为培训费用应由公司返还给自己，但是公司认为张某已经享受了培训项目，拒绝返还培训费用。双方协商无果后，张某向当地劳动仲裁委员会提起了劳动仲裁。

案例解析

我国《劳动法》第六十八条规定："用人单位应当建立职业培训制度，按照国家规定提取和使用职业培训经费，根据本单位实际，有计划地对劳动者进行职业培训。从事技术工种的劳动者，上岗前必须经过培训。"根据我国《劳动合同法》第九条以及《劳动部关于严禁用人单位录用职工非法收费的通知》第二条、第三条规定，用人单位不得以任何理由向招用的劳动者收取财物，否则将会受到相应的处罚，由劳动行政部门给予警告，并责令用人单位立即退还劳动者，给劳动者造成经济损失的，应责令其赔偿。从上面的法条中可以看出，为员工提供必要的岗前培训是用人单位的法定义务，用人单位向劳动者收取培训费用将会面临一定的法律后果。本案中，软件公司要求张某承担培训费用的做法是违法的，其认为张某已经享受培训项目而不予退还培训费用的理由是错误的，培训费用本就应由该软件公司承担，而不是张某。对于该软件公司而言，不仅要如数返还6000元培训费用，如果给张某造成了损失，还要承担相应的赔偿责任。

法律依据

《中华人民共和国劳动法》

第六十八条　用人单位应当建立职业培训制度，按照国家规定提取和使用职业培训经费，根据本单位实际，有计划地对劳动者进行职业培训。

从事技术工种的劳动者，上岗前必须经过培训。

《中华人民共和国劳动合同法》

第九条　用人单位招用劳动者，不得扣押劳动者的居民身份证和其他证件，不得要求劳动者提供担保或者以其他名义向劳动者收取财物。

风险预警

（1）用人单位应当建立职业培训制度，对劳动者进行职业培训。

（2）用人单位收取劳动者培训费用，造成劳动者经济损失的，需承担赔偿责任。

（3）用人单位收取劳动者培训费用的，由有关部门警告并责令改正。

61. 企业强迫他人劳动的，有什么法律风险？

劳动者作为社会财富的创造者，其权益理应更被重视，但仍有部分用人单位无视劳动管理法规，采取暴力、威胁或者限制人身自由的方式强迫他人劳动，剥夺劳动者休息休假的权利。那么，用人单位强迫他人劳动将面临怎样的风险呢？

风险案例

▶用人单位强迫他人劳动被追究刑事责任

16岁的黄某执意辍学，整日不务正业，企图通过歪门邪道挣大钱。后来，黄某结识了来自山西的"煤老板"刘某，刘某自称其有门路可以让黄某进入山西当地有名的煤矿企业工作，工资待遇好，关键还可以挣大钱。黄某深信不疑。于是，黄某跟随刘某来到山西，刘某将其介绍给自称A企业经理的韩某后便再也没有出现。此后，黄某便被带到A企业的砖窑中工作。据黄某后来描述，同他在一起工作的有20多人，砖窑口有打手把守，工作场所还有监工拿着鞭子巡逻，如果有人偷懒或者想跑就会受到"教训"。在A企业砖窑里实行"两班倒"，所有的工人工作都没有工资，不管去哪里都要打报告并由专人陪同。一年后，公安机关解救了包括黄某在内的23名劳动者，非法拘禁黄某等人的A企业负责人韩某，以及为A企业招募、运送劳动者的刘某均被逮捕。

案例解析

　　根据我国《刑法》第二百四十四条的规定，采取暴力、威胁或者限制人身自由等手段强迫他人劳动的，构成强迫劳动罪，明知他人采用前述手段强迫他人劳动，还为其招募、运送人员或者有其他协助强迫他人劳动行为的，同样构成犯罪。本案中，A企业采取暴力行为强迫包括黄某在内的劳动者劳动，侵害了其人身自由权和休息休假权，涉嫌构成强迫劳动罪。本案中的刘某，在明知A企业存在强迫他人劳动的情况下，仍旧为A企业招募、运送人员，其行为同样构成犯罪。那么，对于A企业、韩某、刘某的行为，法律规定了怎样的处罚？我国《刑法》第二百四十四条规定："以暴力、威胁或者限制人身自由的方法强迫他人劳动的，处三年以下有期徒刑或者拘役，并处罚金；情节严重的，处三年以上十年以下有期徒刑，并处罚金。明知他人实施前款行为，为其招募、运送人员或者有其他协助强迫他人劳动行为的，依照前款的规定处罚。单位犯前两款罪的，对单位判处罚金，并对其直接负责的主管人员和其他直接责任人员，依照第一款的规定处罚。"也就是说，本罪的处罚机制是双罚制，单位构成本罪的，判处罚金；对于该单位的直接责任人员以及为其招募、运送人员的相关人员，一并判处拘役或者有期徒刑。本案中，A公司将面临被判处罚金的风险，同时，A公司的直接责任人员韩某，以及为其招募、运送人员的刘某将面临有期徒刑或拘役的刑事处罚，可能并处罚金。

法律依据

《中华人民共和国刑法》

第二百四十四条 以暴力、威胁或者限制人身自由的方法强迫他人劳动的，处三年以下有期徒刑或者拘役，并处罚金；情节严重的，处三年以上十年以下有期徒刑，并处罚金。

明知他人实施前款行为，为其招募、运送人员或者有其他协助强迫他人劳动行为的，依照前款的规定处罚。

单位犯前两款罪的，对单位判处罚金，并对其直接负责的主管人员和其他直接责任人员，依照第一款的规定处罚。

风险预警

（1）用人单位强迫他人劳动的，单位将面临被判处罚金的风险。

（2）用人单位强迫他人劳动的，单位直接负责人员将面临有期徒刑或者拘役的处罚，可能并处罚金。

（3）明知用人单位有强迫他人劳动行为，仍为其招募、运送人员的，也将面临有期徒刑或拘役的处罚，可能并处罚金。

62. 领导教唆会计人员帮人虚开发票的，有什么风险？

税收，取之于民，用之于民。国家的兴旺发达、繁荣富强与每个公民息息相关，而国家职能的实现，必须以社会各界缴纳的税收为物质基础。因而，在我国，依法纳税是公民的义务，每个公民都应自觉纳税。但在现实生活中，一些单位存在偷漏税、欠税、骗税、抗税等违反税法的现象。其中最为典型和常见的，便是公司通过虚开发票进行偷税漏税，甚至还有些单位领导教唆会计人员虚开发票。那么，对于企业的此类行为，我国法律是怎样规定的呢？企业又将面临怎样的风险呢？

风险案例

▶ **企业虚开发票担风险**

S煤矿机械厂主营煤矿机械产品。经过数十年的发展，S煤矿机械厂日渐壮大。2019年，S煤矿机械厂与L煤矿签订长期合作协议，由S煤矿机械厂为L煤矿提供技术支持。2020年，L煤矿暗示S煤矿机械厂为其虚开一张10万元的发票，以挤占成本，虚列开支，少缴纳企业所得税。S煤矿机械厂经理张某碍于情面，当面允诺，后指示其会计人员在一定期限内完成。那么，对于L煤矿的行为，其将面临怎样的风险？S煤矿机械厂又将面临怎样的风险呢？

第 11 章 其他风险

> 案例解析

我国《发票管理办法》第二十二条规定:"开具发票应当按照规定的时限、顺序、栏目,全部联次一次性如实开具,并加盖发票专用章。任何单位和个人不得有下列虚开发票行为:(一)为他人、为自己开具与实际经营业务情况不符的发票;(二)让他人为自己开具与实际经营业务情况不符的发票;(三)介绍他人开具与实际经营业务情况不符的发票。"本案中,L煤矿的行为属于本条所列第二款第二项"让他人为自己开具与实际经营业务情况不符的发票"的行为,该行为违反了我国《发票管理办法》的规定,属于虚开发票行为。对此,我国《发票管理办法》第三十七条也规定了相应的处罚:"违反本办法第二十二条第二款的规定虚开发票的,由税务机关没收违法所得;虚开金额在1万元以下的,可以并处5万元以下的罚款;虚开金额超过1万元的,并处5万元以上50万元以下的罚款;构成犯罪的,依法追究刑事责任。非法代开发票的,依照前款规定处罚。"也就是说,对于L煤矿虚开发票的行为,税务机关将依法对其进行调查,并没收其违法所得,并对该公司虚开的10万元金额的发票处以5万元以上50万元以下的罚款。如果经调查发现L煤矿虚开发票行为情节严重,构成犯罪,还会被依法追究刑事责任。而由于S煤矿机械厂经理张某帮助L煤矿非法代开发票,其行为也会受到同样的法律处罚。

公平竞争是市场经济的基本原则。虚开发票会造成偷漏税和不公平现象,从而破坏市场经济的正常运行秩序,破坏公平竞争的市场经济规则,最终影响全社会的发展进步。

法律依据

《中华人民共和国发票管理办法》

第二十二条 开具发票应当按照规定的时限、顺序、栏目，全部联次一次性如实开具，并加盖发票专用章。

任何单位和个人不得有下列虚开发票行为：

（一）为他人、为自己开具与实际经营业务情况不符的发票；

（二）让他人为自己开具与实际经营业务情况不符的发票；

（三）介绍他人开具与实际经营业务情况不符的发票。

第三十七条 违反本办法第二十二条第二款的规定虚开发票的，由税务机关没收违法所得；虚开金额在1万元以下的，可以并处5万元以下的罚款；虚开金额超过1万元的，并处5万元以上50万元以下的罚款；构成犯罪的，依法追究刑事责任。

非法代开发票的，依照前款规定处罚。

《中华人民共和国刑法》

第二百零五条 虚开增值税专用发票或者虚开用于骗取出口退税、抵扣税款的其他发票的，处三年以下有期徒刑或者拘役，并处二万元以上二十万元以下罚金；虚开的税款数额较大或者有其他严重情节的，处三年以上十年以下有期徒刑，并处五万元以上五十万元以下罚金；虚开的税款数额巨大或者有其他特别严重情节的，处十年以上有期徒刑或者无期徒刑，并处五万元以上五十万元以下罚金或者没收财产。

单位犯本条规定之罪的，对单位判处罚金，并对其直接负责的主管人员和其他直接责任人员，处三年以下有期徒刑或者拘役；虚开的税款数额较大或者有其他严重情节的，处三年以上十年以下有期徒刑；虚开的税款数额巨大或者有其他特别严重情节的，处十年以上有期徒刑或者无期徒刑。

虚开增值税专用发票或者虚开用于骗取出口退税、抵扣税款的其他发票，是指有为他人虚开、为自己虚开、让他人为自己虚开、介绍他人虚开行为之一的。

第二百零五条之一 虚开本法第二百零五条规定以外的其他发票，情节严重的，处二年以下有期徒刑、拘役或者管制，并处罚金；情节特别严重的，处二年以上七年以下有期徒刑，并处罚金。

单位犯前款罪的，对单位判处罚金，并对其直接负责的主管人员和其他直接责任人员，依照前款的规定处罚。

> **风险预警**
>
> （1）企业虚开发票的，由税务机关没收违法所得。
>
> （2）企业虚开发票的，将面临罚款风险。
>
> （3）企业虚开发票情节严重的，会被追究刑事责任。
>
> （4）企业非法代开发票的，将面临与虚开发票同样的法律风险。

图书在版编目（CIP）数据

企业劳动用工风险提示与防范指南/张思星主编. -- 北京：中国法制出版社，2022.10
（企业高级法律顾问实务操作系列）
ISBN 978-7-5216-2912-5

Ⅰ.①企… Ⅱ.①张… Ⅲ.①劳动法—案例—中国 Ⅳ.① D922.505

中国版本图书馆 CIP 数据核字（2022）第 175702 号

责任编辑　秦智贤　　　　　　　　　　　　　　封面设计　杨泽江

企业劳动用工风险提示与防范指南
QIYE LAODONG YONGGONG FENGXIAN TISHI YU FANGFAN ZHINAN

著者/张思星
经销/新华书店
印刷/北京海纳百川印刷有限公司
开本/710 毫米×1000 毫米　16 开　　　印张/15.75　字数/250 千
版次/2022 年 10 月第 1 版　　　　　　2022 年 10 月第 1 次印刷

中国法制出版社出版
书号　ISBN 978-7-5216-2912-5　　　　　　　　　　　定价：56.00 元

北京市西城区西便门西里甲 16 号西便门办公区
邮政编码：100053　　　　　　　　　　传真：010-63141600
网址： http：//www.zgfzs.com　　　　编辑部电话：010-63141798
市场营销部电话： 010-63141612　　　印务部电话：010-63141606

（如有印装质量问题，请与本社印务部联系。）